진심이
열심을 이긴다

최민기 지음

진심이
열심을 이긴다

가족의 생명까지 갈아 넣어야 하는

목회와 선교를 위해 기꺼이 헌신해 준

아내 양정현 선교사와

세 딸(주화, 주빌리, 요벨)

그리고 과테말라 선교에 동역해 주신

모든 분께 이 책을 바칩니다.

추천사

　일을 하다 보면 때로는 사람의 '열심'이 하나님의 진심을 앞지를 때가 많다. 그럼 어김없이 열매 없던 처음의 자리로 돌아온다. 이 실수를 하지 않기 위해서는 낮은 자리로 가서 하나님의 진심이 무엇인지 다시 돌아봐야 한다. 최민기 목사는 이 비밀을 경험한 사람이다. 이 진심이 모두에게 전해지길 바란다.

》 오상철 교수(연세대 글로벌신학대학원)

　이 책의 제목만 보아도 다시 가슴이 뛰기 시작한다. 예수님의 낮아짐이 인류를 구원한 것처럼 그리스도인의 낮아짐은 삶으로 전하는 전도와 같다. 이 책이 많은 사람을 그리스도께로 인도할 것이라고 믿는다.

》 박상원 회장(WKF 세계한인재단)

《진심이 열심을 이긴다》는 세상을 이기는 가장 큰 능력이 낮아짐임을 이야기한다. 같은 목회자와 선교사의 길을 걸은 사명자로서 감사와 격려를 전한다. 이 진리가 같은 세상을 살아가는 모든 그리스도인에게 큰 울림이 되기를 기도한다.

» 최요한 목사(세계선교연합, 명동교회)

최민기 선교사는 목회와 선교를 통해 실제적인 낮아짐을 경험한 하나님의 사람이다. 그리고 그는 낮아짐이 하나님의 가장 큰 능력임을 삶으로 증명한다. 그의 이 진실된 마음은 세상의 모든 도전을 이기고 끝까지 승리하며 나아갈 것이다.

» 박신욱 국제대표(SEED Int'l)

프롤로그

출간을 앞두고 큰딸 주화가 와서 물었다.

"아빠, 책에 우리에게 해주고 싶은 이야기 다 적었어? 세상을 살아가는 방법이나 어려운 일을 겪을 때 필요한 교훈 같은 것들 말이야."
"어, 글쎄, 전부 다 적었느냐고? 다 적지는 못했지만 최대한 많이 적었어."

내 삶은 아직 예수님을 향해 달려가는 중이다. 사도 바울의 표현(빌 3:12)을 빌리자면, 목표를 이룬 것도 완성한 것도 아닌, 치열한 경주 중이라고 하겠다. 또다시 넘어질 수도 있고 피 흘릴 수도 있다. 하지만 지금까지 숱한 어려움과 고난을 만나도 목표를 향한 경주를 한 번도 멈추지는 않았다.

앞으로 딸들에게 해주고 싶은 이야기가 더 많이 생길 것이다. 그럼에도 한번 생각해 보게 된다. 지금 내 인생이 마지막이라면 더 해주고 싶은 말은 없을까? '아, 그렇지!' 하고 싶은 말이 떠올랐다!

"애들아, 하나님께서 내 딸로 보내 주신 너희는 내 인생 최고의 선물이었어. '아빠'라는 존재가 하나님을 찾는 길잡이가 되어 주어야 하는데, 아빠의 연약한 모습들이 오히려 하나님을 가리지는 않았는지 모르겠다. 미안하다.

하지만 사랑한다. 이 세상 곳곳에 너희들과 함께한 추억을 많이 쌓아 두었으니, 힘들 때마다 꺼내 보기 바란다. 일상의 바람 속에도, 바뀌는 계절 속에도, 눈 덮인 산 안에도, 쉼 없이 떨어지는 폭포수 속에도, 전부를 삼켜 버릴 것 같은 폭풍 속에도, 화산재가 날리는 선교지에도, 우리 가족이 함께 헤쳐 나간 모든 순간은 영원할 거야! 하나님은 살아 계시니 어떤 순간에도 믿음을 놓지 않기를 기도한다.

모든 상황에 다 적용될 수는 없겠지만 '낮아짐의 순간'에 너희들이 꺼내 보도록 책을 만들 수 있어서 하나님께 정말 감사하다. 'Life goes on.' 인생은 계속되니 너무 빠르지도 느리지도 않게 예수님의 발걸음에 맞춰서 걷다 보면 어느새 천국 문에 이를 거야. 하나님의 영원의 시간에 들어가면 늘 함께할 수 있으니, 이 세상 끝 날까지 오히려 그날을 고대하며 기쁘게 기다리자! 힘내자! 웃는 것이 모든 행복의 시작이다. 평안하자!"

"다시 저주가 없으며 하나님과 그 어린 양의 보좌가 그 가운데에 있으리니 그의 종들이 그를 섬기며"(계 22:3).

조금 더 낮게 주님의 이름을 부를 수 있도록
조금 더 낮아져 주님의 음성을 들을 수 있도록
조금 더 낮아져 주님의 모습을 볼 수 있도록
우리를 낮추소서.

목차

추천사   오상철 교수(연세대 글로벌신학대학원)
          박상원 회장(WKF 세계한인재단)
          최요한 목사(세계선교연합, 명동교회)
          박신욱 국제대표(SEED Int'l) • 6
프롤로그 • 8

제1화   라이프 스타일 • 15
제2화   사랑이 언어를 이긴다 • 21
제3화   그날을 해석해 준 사람들 • 30
제4화   주님, 지금 어디 계십니까? • 38
제5화   욥도 극심한 우울증과 공황장애를 겪었다 • 43
제6화   하나님의 표식 • 55
제7화   다른 일을 하세요 • 65
제8화   돌파는 낮아져야 시작된다 • 74
제9화   인생의 멘토들 • 79
제10화 쓸모없는 인간이 되는 경험 • 89
제11화 선교 청소 • 95
제12화 돌 던질 만큼의 거리 • 100
제13화 낮아짐 • 108

제14화	낮아졌을 때 주시는 은혜 · **121**
제15화	낮아져야 생기는 지혜 · **129**
제16화	이 땅을 위해 울라 · **132**
제17화	가족의 피를 갈아 넣어야 하는 일 · **137**
제18화	중남미의 예루살렘이 될지어다! · **144**
제19화	영적 전쟁 · **150**
제20화	선교지에서 가장 보고 싶은 얼굴 · **158**
제21화	거룩한 낭비 · **163**
제22화	아버지, 이제야 당신을 이해합니다 · **168**
제23화	하나님이 크게 쓰시려고 그래 · **175**
제24화	반복되는 역사, 나는 어떻게 살 것인가? · **180**
제25화	진심이 열심을 이긴다 · **187**
제26화	나의 낮아짐이 교회가 되어 · **194**
제27화	드림 · **203**
제28화	전쟁터에서 동료를 잃다 · **207**

에필로그 · **209**

제1화
라이프 스타일

　대학 졸업 후 작은 무역 회사에 취직했다. 첫 직장이었기에 열심히 일했다. 당시는 2000년대 중반으로 야근이 빈번하고 퇴근 후에도 술자리가 잦았다. 6개월이 지난 후 사장이 나를 따로 불렀다. 그리고 "라떼는 말야…" 하며 긴 조언을 시작했다.
　"너 명문 대학 출신이냐?"
　"아니요."
　"너 잘하는 외국어 있어?"
　"없습니다."
　"네 아버지가 대기업 회장이니?"
　"아니오."

"그럼 내가 널 왜 뽑은 것 같아?"

"잘 모르겠습니다."

"네 가능성을 보았거든."

"네?…감사합니다. 열심히 하겠습니다."

"그런데 말이지, 사실 모두가 열심히 일해. 지금 네가 일할 때 서울대나 연고대 출신들도 다 열심히 일하고 있어. 너는 그들과 출발선이 달라! 이게 100미터 달리기라면 걔들은 이미 10미터 앞에서 출발한 애들이란 말이야. 그런 상황에서 너는 평생 그들한테 뒤처져서 살 거야? 평생 뒤치다꺼리나 하면서 살 거냐고. 그렇게 되지 않으려면 어떻게 해야겠어?"

"잘 모르겠습니다…."

"너처럼 좋은 대학 나오지 못하고 빽도 없고 돈도 없는 애들이 이기는 방법은 딱 한 가지야."

"그게 무엇인가요?"

"그들이 잘 때, 쉴 때, 아플 때가 기회야! 그때 너는 2배로 뛰어야 해. 쉬지도 아프지도 말아야지! 그러면 언젠가는 따라잡을 수 있을 거야."

"?!"

그때는 몰랐다. 사장의 말이 가스라이팅이란 것을⋯.

이러한 삶의 방식이 바로 성경에 나오는 '이집트의 라이프 스타일'이다. 이집트의 땅은 기름졌다. 나일강이 흐르기 때문이다. 나일강에서 물을 퍼다 나르면 그만큼 농사를 더 지을 수 있다. 일꾼을 더 많이 고용하여 물을 대고 땅을 개간하면 그만큼 더 많은 부를 쌓을 수 있다. 일한 만큼 돈이 나오니 성공하기 위해서는 잠을 잘 시간도 없다. 마음 편히 쉬지도 못한다. 함부로 아플 수도 없다. 쉬는 만큼 뒤처지고, 자는 만큼 늦어지고, 아프면 도태되는 것이다.

이런 사회에서 이스라엘 백성들은 430년을 살았다. '이집트의 라이프 스타일'이 수십 대를 이어 갔고, 이스라엘 사람들의 DNA로 뼛속까지 자리 잡은 것이다.

그러던 그들이 하루아침에 그 삶을 떠나야 했다. 이것이 '출애굽'(이집트 탈출)이다. 그리고 하루아침에 '이집트의 라이프 스타일'을 '가나안의 라이프 스타일'로 바꾸어야 했다. 가나안 땅의 라이프 스타일은 무엇이었을까? 먼저 가나안이 어떤 땅인지 알아야 한다.

"네가 들어가 차지하려 하는 땅은 네가 나온 애굽 땅과 같지 아니하니 거기에서는 너희가 파종한 후에 발로 물 대기를 채소밭에 댐과 같이 하였거니와 너희가 건너가서 차지할 땅은 산과 골짜기가 있어서 하늘에서 내리는 비를 흡수하는 땅이요"(신 11:10-11).

가나안 땅은 이집트 땅과 달리 물을 담아 둘 수 없었다. 한마디로 적절한 때 비가 내려야만 농사에 성공할 수 있었다. 이집트 땅처럼 잠을 자지 않으며 쉬지 않고 일한다고 해서 더 많은 수확을 얻는 땅이 아니었다. 할 수 있는 일을 끝낸 후에는 그저 하늘을 바라보며 비가 내리기만 바라야 했다. 인간의 입장에서는 답답하기 그지없는 땅이다.

하지만 하나님께서는 이집트 땅이 아닌 가나안 땅이 '젖과 꿀이 흐르는 축복의 땅'이라고 하셨다. 왜 그러셨을까? 하나님께 주권이 있는 땅이기 때문이다.

"여호와께서 너희의 땅에 이른 비, 늦은 비를 적당한 때에 내리시리니 너희가 곡식과 포도주와 기름을 얻을 것이요"(신 11:14).

가나안 땅의 라이프 스타일은 철저히 하나님의 역사와 은혜를 기다리는 방식이다. 그래서 낮은 자일수록 더욱더 큰 은혜와 감사를 경험하는 것이다. 빽 없고 돈 없고 지식이 부족한 자도 풍성히 먹이시는 하나님의 은혜에 감격한다. 하지만 낮은 자라고 해서 게으르고 놀고 쉬면서도 무언가를 얻을 수 있는 것은 아니다. 이른 비와 늦은 비를 주시는 하나님의 풍성한 은혜에는 조건이 있었다.

> "…하나님 여호와를 사랑하여 마음을 다하고 뜻을 다하여 섬기면"(신 11:13).

선교사의 삶이 꼭 가나안의 삶의 방식 같다. 주어진 선교의 일을 성실히 해야 하겠지만, 모든 공급은 선교지에서 오는 것이 아니라 하늘에서 온다. 하나님은 모든 교회와 후원자들을 통해 선교사를 먹이신다.

후원으로 사는 삶은 세상의 관점에서는 가장 멋없는 삶이다. 때로는 치사하고 비참하게 느껴지기도 한다. 누구의 도움을 받는 것이 불편한 나는, 후원받는 삶이 정말이지 성격과 체질에 맞지 않는다. 차라리 일한 만큼 정당한 대가를 받는 삶이 공평하고 편하게 느껴진다. 하지만 하나님은 그러한 삶보다 하늘을 바라보는 삶이 복되다고 말씀하신다.

그렇다. 선교사들은 이미 알고 있다. 일을 많이 한다고 더 많은 영혼이 하나님께 돌아오는 것이 아니란 걸…. 하나님은 마음을 보고 중심을 보신다는 걸…. 하늘을 보며 기도하는 시간이 더 중요하다는 걸….

오늘도 하루를 마치며 과테말라의 하늘을 올려다본다. 구름으로 얼굴을 살짝 가리고 계신 하나님께 기도한다.

"하나님, 오늘도 단비를 준비하시는 주님을 바라보게 하시니 감사합니다. 비를 기다리는 삶이 저에게는 고통이지만 이것이 하나님 원하는 삶의 방식인 줄 믿습니다. 이른 비와 늦은 비를 제때 주시지 않으면 저는 이 땅에서 단 하루도 살 수가 없음을 고백합니다. 저의 삶과 사역을 하나님의 손에 맡겨드립니다."

하나님은 오늘도 말씀으로 응답하신다.

"내가 그들에게 복을 내리고 내 산 사방에 복을 내리며 때를 따라 소낙비를 내리되 복된 소낙비를 내리리라"(겔 34:26).

제2화

사랑이 언어를 이긴다

주여! 샬랄라라라라라…. 디오스 에스 아모르 이 뿌에데스 크레르 엔 헤수스 이 모랄 엔엘 아모르!

"○○○ 선교사님이 방언을 하다가 그 나라 언어가 터졌대."
"정말? 우와! 나도 그렇게 영어를 배웠으면 좋겠다."

신학교 때 돌던 소문이다. 어떤 선교사님이 급히 선교지로 가게 되었는데, 공항에서 현지인을 만나자 갑자기 방언이 터지며 그 나라 말로 대화하고 복음을 전했다는 내용이었다. 지금도 진위를 알 수 없는 이야기다.

언어라는 것이 그렇게 되면 얼마나 좋겠는가? 실상은 대부분의 선교지에서, 대부분의 선교사가 언어의 장벽을 완벽히 뛰어넘지 못한다. 선교사들이 무능하고 게을러서가 아니다. 언어는 악인들이 연합하여 하나님을 대항하지 못하도록 하시려고 하나님이 흩으신 강력한 저주이기 때문이다.

> "자, 우리가 내려가서 거기서 그들의 언어를 혼잡하게 하여 그들이 서로 알아듣지 못하게 하자 하시고 여호와께서 거기서 그들을 온 지면에 흩으셨으므로 그들이 그 도시를 건설하기를 그쳤더라"(창 11:7-8).

그래서 언어의 장벽을 뛰어넘기 위해서는 엄청난 노력과 많은 시간을 투자해야 한다. 하지만 그것만으로는 완전하지 않다. 언어가 완벽하다고 해서 하나님의 일에 헌신하고 사역의 열매가 많이 맺히는 것은 아니기 때문이다.

유학생으로 처음 미국에 갔을 때, 나름대로 영어를 잘한다고 생각했다. 중학생 때부터 상당히 오랜 시간 영어를 공부했고, 토익 같은 공인 성적도 나쁘지 않았기 때문이다. 미국에서 신학을 공부하며 오렌지 카운티에 있는 작은 한인교회에서 교육 부서를 맡게 되었다. 아이들 대부분이 미국에서 나고 자란 2세들이었다. 담임목사님은 한국어가 편하니 한국어로 사역하라고 하셨다. 하지만 몇 주간 아이들과 지내 보니 아이들의 '마음의 언어'(Heart Language)는 영어였고, 영어로 복음을 듣고 싶은 열망이 크다는 것을 알게 되었다.

"그래! 설교, 찬양, 기도는 영어로 하자!"

그때부터 영어를 잘하게 해 달라고 기도했다. 또한 영어 설교를 열심히 준비했다. 문장을 다듬고 또 다듬어 가며 최대한 간결하고 이해하기 쉽도록 최선을 다해 준비했다. 그리고 주일이 되었다. 설교는 거의 본문을 읽다시피 했지만, 기도와 찬양도 모두 영어만 사용했다. 너무나 뿌듯했다.

그런데 아이들의 표정은 별로 밝지 않았다. 몇 주가 지났지만 아이들이 말씀을 잘 받고 있다는 생각이 들지 않았다. 대학생 중에 차분하고 성실한 자넷이라는 자매가 있었다. 자넷에게 살짝 물어보았다.

"자넷, 예배 시간에 말씀을 어느 정도 이해하고 있니?"

"음…3~5퍼센트 정도요."

인심을 써도 겨우 5퍼센트라는 것이다. 나는 충격을 받았다.

"100퍼센트 영어로 말씀을 전했는데?"

"아, 그러셨어요? 저는 처음에는 한국말로만 하시다가 요즘 영어를 조금 섞어서 쓰시는 줄 알았어요."

그제야 문제가 무엇인지를 알았다. 나는 영어로 말한다고 생각했지만, 여기 아이들은 내 영어가 영어로 들리지 않았던 것이다. 학생회장을 불러 물었을 때도 비슷한 답을 들었다. 나름 미국 신학교도 다니고 스스로 영어로 의사소통이 된다고 생각했는데 형편없는 내 실력이 드러난 것이다. 부끄러운 마음이 들었다.

'아… 어떻게 하면 좋은가?'

방언으로 언어가 터졌다는 선교사님이 생각나서 계속해서 뜨겁게 기도했지만, 영어 실력은 하루아침에 늘지 않았다. 기도하며 지혜를 구했다. 하나님께서 혼자 할 수 없다는 마음을 주셨다.

'아! 내가 이 아이들에게 도움을 주는 존재인 줄로만 알았는데, 나도 도움을 받아야 하는 존재구나….'

학생 중에 데이비드라는 친구가 신학을 공부하고 있었다. 그 친구에게 도움을 청하기로 했다. 데이비드는 처음에는 거절하며 왜 꼭 영어로 말씀을 전하고 싶은지를 물었다. 나는 데이비드와

밥도 먹고 차도 마시며 베드로의 부르심에 대한 이야기를 나누었다. 물고기 많이 잡는 것을 인생 최고의 가치로 알고 살았던 베드로를 만나 주신 것처럼, 예수님이 똑같이 나를 만나 주신 이야기를 나누었다.

부족하여 자주 실수하여 넘어지고 심지어 예수님을 세 번이나 부인하였던 베드로의 이야기가 바로 내 이야기였다. 그럼에도 예수님은 아침을 차려 주시며 베드로를 다시 일으켜 세워 주셨다. 그리고 "내 양을 먹이라" 하시며 사명도 주셨다. 베드로의 삶은 단번에 변화된 것이 아니었다. 실패와 낮아짐 속에서도 변치 않은 예수님의 인내가 그를 변화시킨 것이다.

나도 내게 맡겨진 양들이 굶어 메마른 삶을 살지 않도록 먹이고 싶었다. 그리고 먹을 수 있는 양질의 음식을 주고 싶었다. 초식 동물에게 고기를 먹일 수 없고, 매일의 양식을 인스턴트로 때울 수는 없는 노릇이다. 나는 아이들이 자신의 언어로 말씀을 듣고 하나님의 은혜를 풍성히 누리기를 원했다. 그런 나의 진심이 데이비드에게 전해졌다. 그가 말했다.

"전도사님은 멋진 분이었군요. 제가 돕겠습니다!"

나는 영어 원고를 작성해 데이비드에게 보냈다. 데이비드는 내가 영작한 문장을 보고, 본래 하고자 하는 말의 의미가 무엇인지 정확하게 알지 못하는 경우가 많았다. 대부분이 미국의 일상생활 가운데 쓰이는 말이 아니라 내가 만들어 낸 영어 문장이었기 때문이다. 한마디로 '콩글리시'였다. 실생활에서 전혀 쓰이지 않는 단어와 표현, 문장 구조는 영어처럼 보이지만 실상은 외계어나 다름없었다.

나는 데이비드 앞에 한국어 원고, 영어 원고 두 개를 펼쳐 놓고 그 의미를 설명했다. 그러고 나서 내용을 완전히 이해한 데이비드가 내 영어 문장을 수정해 주었다. 내 영어 원고는 온통 빨간 줄이 쳐졌고, 고친 흔적들이 가득해 건축 설계도면을 방불케 했다. 10분가량의 설교를 준비하는 데 일주일도 부족했다.

나는 다음 주일 데이비드와 함께 완성한 원고를 들고 주일 강단에 섰다. '이제는 아이들이 100퍼센트 알아듣겠지' 하며 마음속으로 뿌듯해했다.

예배가 끝나고 다시 자넷에게 물었다.

"오늘 말씀은 어땠니? 몇 퍼센트 정도 이해했어?"

나는 자넷의 입에서 100퍼센트라는 말이 나올 줄 알았다. 자넷의 입만 쳐다보며 대답을 기다렸다.

"음…30퍼센트 정도요. 전보다는 많이 들렸어요…."

"아, 그렇구나. 고마워…."

나는 애써 괜찮은 척했지만 사실 적지 않게 당황했다. 하지만 이내 문제가 무엇인지를 발견했다. 문제는 내 억양과 강세, 띄어 읽기 등이었다. 전반적인 리딩 능력이 엉망이었던 것이다.

"데이비드, 안 되겠다. 원고를 네가 읽고 녹음해서 나에게 보내 줘. 그것을 듣고 연습해서 설교해 볼게."

이어폰을 귀에 꽂고 데이비드의 목소리를 일주일 내내 들으면서 지냈다. 그리고 내 목소리로 녹음하여 데이비드 것과 비교하며 알아들을 수 있는 음성과 발음으로 고쳐 나갔다. 그렇게 몇 주가 지나는 동안 자넷에게 물어보지 않아도 예배가 달라지는 것을 느낄 수 있었다.

"전도사님, 예배가 물 흐르듯 자연스러워졌어요."

"오늘 영어가 뭔가 달랐어요."

"오늘 말씀 마음에 와닿았어요, 좋았습니다."

아이들의 표정이 많이 달라지고 있었다. 자넷이 와서 말했다.

"이제 90퍼센트 정도는 들리는 것 같아요. 우리를 위해 노력해 주셔서 감사합니다."

나는 예배당 뒤뜰에 가서 홀로 조용히 눈물을 닦았다.

"하나님, 너무나 큰 은혜를 주셔서 감사합니다."

데이비드도 변해 가는 나의 모습에 기뻐하였다.

"데이비드, 정말 고마워. 부족한 나를 대신해서 하나님이 너를 사용하셨어. 하나님이 너를 기뻐하시는 것 같아."

그 후 우리 가정은 매주 아이들을 집으로 초대했다. 집이 좁고 누추했지만, 무엇이든 좋은 것을 해주고 싶었다. 부족한 형편에도 뉴포트비치 새벽 수산물 시장에 가서 게와 새우를 잔뜩 사 와서 아이들을 먹였다. 한국말이 서툰 한 아이가 내게 와서 물었다.

"쩐도사님, Why do you share such things with us? I think you don't have enough…"(전도사님, 왜 우리에게 이런 것들을 주시는 거예요? 형편도 넉넉해 보이지 않는데…).

영어로 뭐라고 설명하기가 어려웠다.

"그냥…너희들에게 좋은 것을 주고 싶어서…."

소통이 잘 되지 않는 아이들도 많았다. 그때나 지금이나 나의 영어 실력은 완벽하지 않다. 하지만 분명한 사실 한 가지가 있다. 결국 언어는 결정적인 문제가 아니라는 것이다. 사랑이 언어를 이긴다! 하나님이 언어를 흩으신 것은 장벽을 만든 것이 아니라, 사랑이 모든 것을 이긴다는 것을 알려 주고 싶으셨던 것이다.

선교사로 헌신하고 미국을 떠나기 전 아이들과 헤어지는 것이 너무나 아쉬웠다. 그래서 함께 여행도 하고 많은 시간을 보냈지만, 그렇더라도 헤어지는 건 슬픈 일이었다. 미국을 떠나기 전 마지막 날 아이들이 우리 집 앞으로 몰려왔다.
"목사님(그 교회에 있을 때 안수받고 목사가 되었다)은 '진짜'였습니다. 우리를 진심으로 사랑해 준 사람은 목사님이 처음이었습니다. 고맙습니다."
사랑이 뛰어넘을 수 없는 장벽은 이 세상에 없다.

"…하나님은 사랑이시라…"(요일 4:16).

제3화
그날을 해석해 준 사람들

별이 밝았던 그날 밤은 무척 힘들었다.

누구에게나 견디기 힘들었던 하루가 있다. 마리아에게는 출산의 날이 그랬을 것이다. 그날은 평생 절대로 잊히지 않는 날이었을 것이다.

"하나님, 제가 왕궁이나 호화로운 병원을 원한 것이 아닙니다. 하나님의 아들을 낳으니 적어도 안전한 환경은 주셨어야죠. 동네 허름한 산부인과도 좋고, 그것이 아니면 집에서라도 낳게 해 주셨으면 안 되었나요? 그런데 마구간이라니요! 제 기도가 무리한 것이었습니까?"

나도 하나님께 무리한 것을 구하지 않았다. 하나님이 애쓰지 않으셔도 조금만 신경 쓴다면 충분히 들어주실 수 있을 정도의 요구였다. '큰 교회에서 목회하게 해주세요. 역사에 남을 목사가 되게 해주세요. 성공하게 해주세요!' 이런 기도가 아니었다.

"큰 교회가 아니어도 됩니다. 몇십 명이라도 바르게 목회할 수 있으면 만족합니다. 우리 가족이 밥 굶지 않을 정도면 족합니다. 사람에게 인정 못 받아도 좋습니다. 하나님께서 인정하신다면 그것으로 충분합니다. 그런데 아예 목회를 내려놓으라니요?"

마리아가 예수님을 낳은 그 밤은 마리아에게 평생 잊을 수 없는 날이었다. 믿었던 남편 요셉의 무능함의 끝을 보았다. 임신한 아내를 3일 밤낮 동안 이동하게 하더니, 베들레헴에 도착해서는 방 한 칸을 구하지 못했다. 요셉은 돈도 없고 능력도 없고 빽도 없는 무능한 남편이었다. 하필 그날은 로마 황제의 명령으로 모두 고향으로 돌아가 호적을 해야 하는 대혼란의 날이었다. 도시가 마비될 지경이다. 응급실은커녕 심지어 산파도 구할 수 없었다.

우리 부부는 딸 셋을 낳았다. 첫째는 예수병원에서, 둘째는 미국 애너하임 웨스턴 병원에서, 셋째는 개인 병원 산부인과에서 낳았다. 아이 셋을 낳는 과정에서 출산하는 장소와 시설이 중요하다는 사실을 깨달았다. 첫째는 출산 예정일보다 한 달 이상 일찍 태어나는 바람에 출산 직후 신생아 중환자실로 옮겨졌다. 출산은 비상 상황을 고려하여 가능하면 위생적이고 안전한 곳에서 해야 한다.

요셉은 그날 밤 방을 구하지 못했다. 그 자신도 비참했을 것이다. 늦은 밤이 되어서야 간신히 얻은 장소가 마구간이었다. 그로서는 최선이었지만, 그의 최선이 가족의 최선이 되지는 못했다. 마구간은 아기를 낳기에 최악의 장소였다. 먼저 마구간은 사방이 뚫려 있는 곳이다. 지나가는 사람들이 아이 낳는 모습을 다 볼 수 있는 공개된 장소나 다름없었다.

게다가 마구간은 병균이 득실대고 건초 먼지가 날리는 위생이 최악인 곳이다. 마구간 근처에만 가도 말똥 냄새가 코를 찌르고 말 분뇨가 바닥에 흐르고 벌레가 들끓는다. 이런 곳에서 아기를 낳는 것은 인생에서 절대 겪지 말아야 할 가장 비참한 일이다.

요셉과 마리아는 낳은 아이를 누일 곳이 없어서 강보(흰 천)에

싸 말 구유(밥그릇)에 놓았다. 성탄절이 되면 요셉과 마리아 그리고 말 구유에 놓인 예수님을 예쁜 캐릭터로 만들어 마치 행복한 출산의 시간을 보내고 있는 것처럼 그려 놓기도 한다. 하지만 실상은 그렇지 않았다. 인간적으로 보면 그날은 산모에게 인생 최악의 날이다. 마리아는 하나님께 서운한 마음이 들었을지 모른다.

하나님은 왜 이들을 도와주지 않으셨을까? 그날 베들레헴 사람 그 누구도 출산이 임박한 이 산모에게 방 한 칸 내주지 않았다. 하나님의 아들을 낳는 것인데, 하나님의 일인데 왜 최악을 경험하게 하시는 것인가? 요셉과 마리아는 도저히 이해하려야 이해할 수가 없었다.

그러나 하나님의 일은 이해하는 것이 아니다. 받아들이는 것이다. 그러면 하나님이 계시(열어 주시는 만큼만 보는 것)해 주신다. 계시의 방법은 여러 가지지만 낮은 자의 입을 통해 역사하시는 때가 많다.

몇 해 전, 93세가 되신 아내의 할머니 문병을 다녀온 적이 있다. 요양원에 계셨는데 치매에 걸려 자녀들도 못 알아보셨다. 게다가 나는 자주 보던 손주사위가 아니라서 더욱 못 알아보셨다.

제3화 그날을 해석해 준 사람들

그런데 할머니가 나를 물끄러미 보더니 이렇게 말씀하셨다.

"너무 애쓰지 마라, 너무 잘하려고 하지도 말고…."

그때가 사실 굉장히 힘든 시기였다. 할머니는 나의 상황을 전혀 모르셨다. 그래서인지 할머니의 그 말들이 마치 하나님의 메시지처럼 들렸다. 그렇게 말씀하시는 할머니는 평생 평안한 삶을 살았을까? 그래서 그런 이야기를 하셨을까? 아니다. 할머니는 이른 나이에 혼자 되어 10남매를 키우셨다. 그 과정에서 두 자녀를 어릴 때 잃으셨다. 이렇게 간단한 사실만으로도 그 고난이 충분히 짐작된다. 우리 시대 어떤 시련을 겪은 사람도 할머니보다 자기 인생이 더 힘들었다고 말하기 힘들 것이다. 하지만 그런 모든 삶을 뒤로하고 인생의 마지막을 앞두고 하신 말씀이 '애쓰지 마라'이다. 그리고 의미심장한 말씀을 한마디 더 하셨다.

"그냥 노래나 한번 불러 봐, 신나게."

그랬다! 인생은 몸의 힘을 빼고 하나님께 노래 부르며 살면 된다. 그것이 최고로 잘 사는 인생인 거다. 그런데 쉬울 것 같은 그 일이 또 잘 안 되는 게 인생이다.

그날 밤, 요셉과 마리아에게 하나님의 메시지를 전해 준 사람은 그 지역에 사는 목자였다. 목자들은 사회적 신분도 낮았지만, 밤낮 자기 양을 지켜야 했기에 예배도 제대로 드리지 못하는 천민 중의 천민이었다. 그런데 이 목자들에게 천사가 나타나 세상에서 가장 귀한 말씀을 전해 준다.

> "오늘 다윗의 동네에 너희를 위하여 구주가 나셨으니 곧 그리스도 주시니라 너희가 가서 강보에 싸여 구유에 뉘어 있는 아기를 보리니 이것이 너희에게 표적이니라 하더니"(눅 2:11-12).

말도 안 되는 이야기였다. 아무리 가난하다고 하여도 어떻게 아기를 강보에 싸서 말 밥그릇에 놓는단 말인가? 하지만 그날 밤은 예외였다. 그 비참함이 '그리스도'임을 증명해 주는 표시였다!

목자들은 마을을 뒤지기 시작했다. 왕 중의 왕, 그리스도가 태어났는데 왕궁, 병원을 뒤진 것이 아니라 마구간부터 뒤지고 다녔다. 그래서 곧 아기를 발견하였다! 그러고는 매우 떨리는 목소리로 요셉과 마리아에게 말했다!

"천사가 우리에게 나타났어요! 그리고 우리를 죄에서 구원해 줄 그리스도, 주님이 태어나셨대요. 그런데 그분은 저기 왕궁의

요람에 누워 있는 것이 아니라 강보에 싸여 말 구유에 있대요. 이렇게 당신들의 아들이 말 구유에 누워 있는 것은 하나님의 뜻이래요! 당신들이 며칠간 여행하느라 고생하고, 오늘 방도 못 구해서 절망하고, 마구간에서 아기를 낳아 비참했던 것, 그 모든 일은 재수 없어서, 하나님이 외면하셔서 그런 것이 아니래요! 다 하나님의 계획과 뜻이래요! '이 아기가 나의 아들이다. 하나님의 아들이다! 그리스도 주시다!'라는 하나님의 외침이었대요! 이것을 전하게 하려고 하나님이 당신들에게 우리를 보내셨어요!"

"오, 주님!"

하나님의 말씀은 인생의 처참한 고통과 비참함을 감사와 기쁨으로 바꾼다.

나는 묻는다.

"하나님, 그날 저는 너무 힘들었습니다. 비참했습니다. 하나님이 함께 계신다는 어떠한 느낌도 받지 못했습니다. 왜 그러한 낮아짐 속에 나를 내버려두셨습니까?"

하나님이 말씀하신다.

"많이 힘들었지…하지만 나는 그날 밤 너와 함께했다…네가 내 아들, 내 딸이라는 표적을 주기 위해 그런 거야…"

마리아는 훗날 예수님을 낳은 이날을 어떻게 기억할까? 마리아의 미소가 눈에 보이는 듯하다.

내 삶에도 우는 날이 있었다. 비참한 날이 있었다. 수치스러운 날도 있었다. 하지만 그 모든 날이, 주님께서 허락하신 모든 날이 좋았노라고 고백한다.

"네가 가는 모든 곳에서 내가 너와 함께 있어…"(삼하 7:9).

제4화

주님, 지금 어디 계십니까?

　사람에 따라 회심의 순간이 비교적 분명한 사람도 있고, 그렇지 않은 사람도 있다. 나는 전자에 속하고, 아내는 후자에 속한다. 아내는 모태신앙으로 평생 교회에서 자랐다. 장모님은 전도사님이신데, 신학을 마치자마자 처녀 때 교회를 개척하셨다.

　교회가 한 번도 세워진 적이 없는 시골 마을에 교회를 개척하여 많은 고난을 겪으셨다. 지금 그 시대 간증을 들으면 비상식적인 정도를 뛰어넘어 범죄라고 여겨질 만큼 수난을 당하신 일이 많다. 예를 들어 마을에 교회가 생기는 것을 싫어한 사람들이 교회에 독사를 풀었다든지, 무당을 불러 굿을 하고 똥물을 뿌렸다든지 하는 그런 일들 말이다. 지금으로서는 상상도 할 수 없는 일이 그 시절 개척 교회의 일상이었다고 한다.

그렇게 개척한 교회가 어느 정도 자리를 잡자 목사님을 모셨고, 그 교회는 지금도 남원의 시골 마을에 자리하고 있다. 이러한 가정에서 자란 아내는 교회가 학교보다도 더 편하고 친근한 곳이었다. 하지만 이야기를 들어 보면, 모태신앙인들이 대체로 그렇겠지만, 뜨거운 신앙생활을 한 것은 아니었다. 또한 분명한 회심 사건이 있었던 것도 아니다. 그저 기억할 수 있는 가장 어린 시절부터 하나님을 믿고 있었다고 인식한다. 이런 모태신앙인들은 겉으로는 느슨하고 열정이 없어 보일지 몰라도 신앙의 뿌리가 든든하여 잘 흔들리지 않는다는 강점이 있다.

하지만 나는 완전히 다르다. 어릴 때는 성당에 다녔는데 그마저도 상당히 띄엄띄엄 다녔기에 내 기억에는 복음을 들어 본 적이 없었다. 예수가 그리스도라는 말도 전혀 이해하지 못했다. 어쩌면 오히려 반기독교적인 정서가 강했는지도 모르겠다. 내 학창 시절에는 록과 헤비메탈 음악이 유행하였는데, 지금 아이돌과는 비교가 안 될 만큼 세계적인 인기를 누렸다. 그때 당시 내가 좋아하던 밴드들의 기본적인 콘셉트는 반기독교였다. 좀더 센(?) 그룹

들은 '사탄의 아들들'이라고 자칭하며 무대에서 닭을 잡는 등의 기괴한 행동도 서슴없이 하였다. 그런데 그러한 행동들이 오히려 호응을 얻어 더 인기가 올라가곤 했다. 그래서 복음 전파에서 사회적, 문화적 분위기라는 것도 중요하다.

그러던 중 대학 졸업을 앞두고 복음을 직접적으로 전해 준 전도자를 만났다.

"…주 예수를 믿으라 그리하면 너와 네 집이 구원을 받으리라"(행 16:31).

"다른 이로써는 구원을 받을 수 없나니 천하 사람 중에 구원을 받을 만한 다른 이름을 우리에게 주신 일이 없음이라 하였더라" (행 4:12).

전도자는 이 두 성경 구절을 인용하며 예수 그리스도의 십자가 복음을 원색적으로 전했다. 내가 하나님 앞에 얼마나 큰 죄인인지, 또 죽을 수밖에 없는 나를 구원하실 분은 예수님뿐임을 확신 있게 이야기했다. 물론 그 이전에도 예수가 인류의 죄를 위해 십자가를 졌다는 것과 하나님의 아들이라 불린다는 것을 알았지만, 나와는 직접적인 관계가 없는 사건이었다. 그런 이야기는 진부한 종교적 가르침에 불과하다고 생각했다. 그러나 그날만큼은 달랐다. 내가 끔찍한 죄인이라는 사실과 예수님께서 나의 죄를 위해 죽으셨다는 사실이 믿어졌다. 생각해 보니 내가 찾는 하나님은 힘이 세거나 내 소원을 들어주는 존재라기보다는, 나를 위해 죽어 줄 수 있는 절대적 사랑의 존재였다. 내 영혼이 그런 존재를 찾고 있었다는 사실을 내 육신이 깨달았다고 할까….

"내 영혼아 여호와를 송축하라 내 속에 있는 것들아 다 그의 거룩한 이름을 송축하라"(시 103:1).

그날 예수님은 십자가 위에서 나를 위해 죽어 주심으로 나의 하나님이 되셨다. 나는 하나님 앞에 회개의 눈물을 흘리며 예수님을 나의 진정한 주인으로 받아들였다. 그리고 믿는 것으로 끝나지 않고 그 주님을 위해 나의 삶을 바치겠다고 결단했다. 그때 나는 사명자가 된 것이다.

우리는 시간이라는 불확실한 실체를 절대적으로 신봉할 때가 있다. 그래서 믿음도 시간이 지나면 자연스레 성장할 것이라고 믿어 버린다. 하지만 정말 그랬는가? 시간이 지나면서 믿음이 성장했는가? 과연 지금 나의 믿음이 예수님을 믿고 결단한 그날의 믿음보다 크고 성장했다고 할 수 있을까? 물론 신앙이 다듬어지고, 태도가 성숙해졌으며, 성경 지식이 늘어난 것은 사실이다. 하지만 순수한 믿음 자체만 놓고 본다면 크게 달라졌다고 생각되지 않는다.

그날 밤 전도자는 나의 회심에 도장을 찍듯이 마지막 질문을 했다. "주님께서 지금 어디 계십니까?" 나는 대답했다. "지금 내 안에 계십니다." 그 하나님이 오늘도 내 안에 살아 계신다.

"그날에는 내가 아버지 안에, 너희가 내 안에, 내가 너희 안에 있는 것을 너희가 알리라"(요 14:20).

제5화
욥도 극심한 우울증과 공황장애를 겪었다

목회하면서 포기할 수 없었던 것은 '바른 목회'였다. 그래서 목회를 크고 화려하게 할 자신은 없었지만 바르게 하겠다는 확신이 생겼을 때 때마침 교회를 개척할 기회도 주어졌다. 성도의 삶이 하나님께서 그려 나가시는 캔버스가 되기를 바라는 마음에 교회 이름을 '캔버스교회'로 정하고 개척을 시작했다.

개척 초기에는 목회가 너무나도 재미있고 즐거웠다. 몇 가정 안 되는 적은 성도였지만 가족보다도 더 친밀한 공동체를 경험했다. 건물 중심의 교회가 아닌 바른 신앙과 말씀을 사모하는 공동체로 세워지기 위해 중학교 교실 두 칸을 빌려 예배당으로 사용하였다. 그 외의 모임은 우리 가족이 사는 아파트에서 이루어졌다. 캔버스교회는 신도시의 젊은 부부와 청년들로 이루어진 생기 있는 공동체였고, 한 번 모이면 헤어질 줄 몰랐다. 매 주일이 잔치였다. 말씀 잔치였고 또 음식 잔치였다. 서로가 너무 좋다 못해 함께 살았으면 좋겠다고 하는 성도도 있었고, 우리만으로도 충분하니 새로운 사람들이 안 왔으면 좋겠다는 성도도 있었다. 그만큼 넘치는 잔이었다. 나도 아내도 교회에 삶을 다 쏟아부었다.

하지만 잔치는 오래가지 못했다. 현실은 현실이었다. 끊임없이 발목을 잡는 것은 의외로 자신 있었던 장소 문제였다. 처음에는 학교 교실을 빌려 주일만 예배당으로 사용했지만 곧 그곳에서 나와야 했다. 그 후 비어 있는 창고를 청소해서 예배당으로 사용하기도 하고, 카페에서 예배를 드리기도 했다. 선교 단체 사무실을 빌리기도 하고, 야외 공공장소를 이용하기도 했다. 어디를 가든 거리, 위치, 주차, 소음 등 문제가 많았다. 그럼에도 초창기에는 공동체성으로 모든 어려움을 극복했다.
　하지만 모든 장소는 임시 처소에 불과했고, 결국엔 지정된 예배 처소가 필요하다는 것을 부인할 수 없었다.

마지막 장소로 아파트 1층을 임대해 예배당으로 사용했다. 공간이나 주차, 월세 등의 문제가 모두 해결될 것을 기대했지만, 지금 생각해 보면 아파트로 들어간 것은 교회로서 패착이었다. 열린 공간이 아니라 가장 닫힌 고립을 자처한 것이기 때문이다. 강물이 역동적으로 흘러야 깨끗한 것처럼, 교회는 살아 있는 유기체이기 때문에 정체되고 고여 있으면 썩어 가기 마련이다.

개척 멤버들에게 예배당이 없이 계속 옮겨 다니는 것은 큰 문제가 안 되었지만, 새신자들은 학교 교실, 카페, 아파트 등에 자리한 교회에 잘 정착하지 못했다. 한번은 믿지 않는 남편이 아내를 교회에 차로 태워다 준 적이 있는데, 아파트 건물로 들어가는 아내의 뒷모습을 보며 정상적인 교회가 아니라는 생각이 들었다고 했다. 험한 세상이다 보니 믿음 없는 남편의 눈에 그 아파트 안에서 무슨 일이 일어나는지 알 길이 없는 것이다. 그 이야기를 듣고 정신이 번쩍 들었다.

예배당 건물에 대한 문제는 '신학적으로나 목회적으로 바르냐 아니냐'가 본질이 아니다. 진짜 핵심은 아직 믿지 않는 이웃과 세상의 눈에 바르게 보이느냐 하는 것이다. 바울은 그리스도인으로서의 행동거지를 스스로 판단하지 말고 그 행동을 통해 시험에 드는 사람이 있는지 살펴야 한다고 했다.

> "그런즉 너희의 자유가 믿음이 약한 자들에게 걸려 넘어지게 하는 것이 되지 않도록 조심하라…그러므로 만일 음식이 내 형제를 실족하게 한다면 나는 영원히 고기를 먹지 아니하여 내 형제를 실족하지 않게 하리라"(고전 8:9, 13).

'교회는 건물이 아니고 사람이니 건물 없이 바른 목회를 하겠다', '건물에 드는 재정을 아껴 구제를 더 하겠다' 하는 식의 생각이 신학적으로는 맞을지 모르겠으나, 세상 사람들이 보기에는 더욱 폐쇄적인 종교로 비칠 수도 있다는 점을 생각해야 한다. 교회가 세상을 섬긴다는 것은 어떤 의미일까? 이웃에 대한 진정한 배려가 무엇일까? 세상을 향한 교회는 어떤 모습이어야 할까? 우리끼리 바르고 좋은 것이 교회의 진정한 목적일까? 예배당에 관해 많은 생각을 하게 되었다.

예배당 문제는 장소의 문제에서 그치지 않고 공동체의 고립과 역동성의 한계로 이어졌다. 결국 캔버스교회는 흩어져 이 문제에 대해 기도하기로 했다. 교회를 닫자마자 그동안 외면해 왔던 재정적인 문제가 발생했다. 사실 개척 교회에서 나오는 헌금만으로는 목회자와 가족이 생존하기 어렵다. 나만의 이야기가 아니라 많은 개척 교회가 겪는 일이다. 교인들은 대개 초신자여서 헌금과 물질에 관한 신앙도 초보였다. 그러다 보니 월세도 감당하기 힘들었다. 부족한 재정과 생활비는 카드 빚으로 쌓여 갔다.

3개월 정도 흩어져 기도하면 하나님의 역사가 즉각적으로 나타나 다시 모이게 될 줄 알았지만, 결국 캔버스교회는 다시 모이지 못했다. 마지막으로 성도들을 만나 주변의 좋은 교회들을 연결해 주었고, 나는 목회를 완전히 내려놓았다. 쉽지 않은 선택이었다.

내가 목회하는 동안 아내와 아이들도 많이 지쳤다는 것을 목회를 내려놓은 후에야 깨달았다. 내 젊음은 목회만을 준비한 시간이었다. 개척하기 전까지는 어떤 어려운 일이든 항상 훈련이라고 생각하고 배우는 자세로 열정을 유지할 수 있었다.

그러나 개척은 다르다. 목사로서 개척은 소명의 마지막 단계로 여겨졌다. 내 삶을 다 바쳐 개척한 교회가 사라지자 나 자신의 존재를 부정당하는 것 같았다. 사역의 무상함과 허무함이 몰려왔다. 모든 삶의 희망이 꺾였고 미래를 계획하거나 상상할 수 없는 절망이 찾아왔다. '과정'이나 '훈련'으로 나 자신을 타이르는 것이 비겁한 회피처럼 느껴졌다.

나는 실패를 받아들이고 인정하기로 했다. 실패를 인정하지 않으면 앞으로 나아갈 수 없다는 것을 직감했기 때문이다. 그러나 실패를 인정함과 동시에 더는 삶의 의미를 찾을 수 없었다. 주변에서는 몸과 마음을 다시 회복시켜 목회하면 된다고 이야기했지만, 그럴 수 없을 만큼 나는 무너졌다. 우울증과 공황장애가 그 무렵부터 시작되었다.

어느 날 숨이 안 쉬어지고 기도해도 답답해서 병원을 찾았다. 심한 우울증과 공황장애 진단을 받았다. 하나님께서 왜 이렇게까지 하시는지 도무지 이해가 되지 않았다. '하나님은 내 삶을 기뻐하지 않으시나? 내 헌신과 사역이 탐탁지 않으셨나? 하나님 보시기에 캔버스교회는 있으나 마나 한 교회였나?' 기도하면서 그렇지 않다는 것을 알았지만, 현실은 그보다 더 심한 대가를 치러야 했다. 빚에 시달리며 가족의 생계를 책임져야 했기 때문이다.

솔직히 말하면, 그전에는 우울증과 공황장애를 나약한 사람이나 믿음이 연약한 사람들이 걸리는 불신앙적인 병이라고 생각했다. 그러한 사람들을 만나면 힘내라고 기도해 주고 상담도 했지만 그 고통을 전혀 이해하지 못한 것 같다. 우울함과 외로움은 우울증이 아니다. 그것은 단지 우울감이다. 지나가는 슬픔일 뿐이다. 그러나 병리적인 우울증과 공황장애는 죽음과 연결된다. 나는 우울증을 앓으면서 매일 죽음을 생각했다. 기도조차도 죽음에 관한 내용이었다.

"제 사명이 끝났으면 이제 저를 데려가 주세요. 하나님이 기뻐하지 않는 삶을 사느니 죽겠습니다."

그리고 먼저 죽은 사람들이 생각났다. 자살한 사람들이 마지막으로 느낀 감정과 생각이 고스란히 전해졌다. 왜 죽어야만 했는지, 얼마나 고통스러웠는지, 왜 어떤 행동이나 치료로도 벗어날 수 없었는지에 대한 절망과 두려움이 몰려왔다. 마치 내 일처럼 느껴졌다.

어느 예수 믿는 연예인이 유서를 남기고 스스로 목숨을 끊었다.

"하고 싶은 게 있다는 건 축복이지만, 그것만 하고 싶다는 건 저주라는 것을 깨달았어. 하나님은 나를 사랑하시니까 지옥에 보내진 않으시겠지. 내 마음을 헤아려 주시고 앞으로 나를 돌봐

주실 거야."

그 편지를 보고 가슴이 너무 아프고 안타까웠다. 사건 자체가 안타까운 것이 아니라, 당사자가 느낀 삶의 무게가 얼마나 무겁고 고통스러웠는지가 고스란히 느껴졌기 때문이다. 우울증과 공황장애는 스스로 극복하고 벗어나는 것이 거의 불가능하다. 다른 누군가의 눈물이 필요하고, 또 누군가는 늪에 빠진 사람을 구하기 위해 허리에 줄을 묶고 뛰어들어야 한다. 죽음 언저리에 있는 단계까지 함께 내려가서 건져 줄 사람이 필요하다는 말이다.

나에게는 아내가 그 역할을 해주었다. 우울증이 있는 사람 곁에 있으면 함께 우울증을 앓게 되기 마련이다. 아내는 우울증을 마다하지 않고 내가 있는 어둠까지 와주었다. 그리고 거기서 나를 건져 내려고 많은 수고를 하고 많은 눈물을 흘렸다.

그런데 나를 위해 수고의 눈물을 흘린 사람이 한 명 더 있었다. 그는 바로 욥이었다. 그렇게 힘든 날을 보내다가 욥기를 읽는데 문득 깨달아지는 것이 있었다. 욥도 고난 가운데 심각한 우울증과 공황장애를 겪었다는 것이다.

"나에게는 평온도 없고 안일도 없고 휴식도 없고 다만 불안만이 있구나"(욥 3:26).

욥은 믿음이 없는 게 아니었다. 고난 가운데서도 찬양하고 기도한 사람이다. 하나님에 대한 분명한 신앙고백과 확신이 있음에도 증세가 나타나면 자신의 출생을 저주하며 자신의 현 상태에 대해 절망했다. 욥은 자신이 왜 그렇게 힘든 일을 겪어야 하는지 이해하지 못했으며, 미래의 더 큰 보상보다 지금 죽기를 바랐다. 욥의 친구들이 그를 안타까워하며 위로해 주었지만, 그의 고통의 수준까지 이해하지는 못했다.

그 시절 내가 가장 듣기 싫었던 말이 있다. "최 목사, 하나님이 크게 쓰시려고 그러는 거야"라는 조언이었다. 그 말을 들으면 위로는커녕 오히려 화가 났다. 나는 속으로 생각했다. '미래에 크게 안 쓰셔도 되니 지금 살려 주시지.' 사람들이 해주던 말을 욥기의 표현으로 바꾸자면 "네 시작은 미약하였으나 네 나중은 심히 창대하리라"라는 표현과 딱 맞다.

바로 욥의 친구가 욥에게 한 말이다. 맞는 말이다. 하지만 이런 말이 욥에게 얼마나 위로가 되었겠는가. 외려 화를 돋우는 말이 아니었을까? 욥의 마음이 공감되었다. 친구들의 말이 아니라 욥이 내뱉은 고통의 말들이 오히려 나에겐 위로가 되었다. 결국 그의 낮아짐은 인류의 대표성을 지닌 낮아짐이었다.

> "여호와께서 사탄에게 이르시되 네가 내 종 욥을 주의하여 보았느냐 그와 같이 온전하고 정직하여 하나님을 경외하며 악에서 떠난 자는 세상에 없느니라 사탄이 여호와께 대답하여 이르되 욥이 어찌 까닭 없이 하나님을 경외하리이까"(욥 1:8-9).

욥의 우울증과 공황장애는 사탄이 하나님의 종을 결코 이길 수 없다는 증거가 되었다. 결국 예수님의 낮아짐, 곧 십자가를 통해 이 일이 완전히 성취되었다. 예수님의 낮아짐은 세상을 구원하는 능력으로 돌아왔고, 욥의 낮아짐은 예수님을 미리 보여 주는 능력으로 돌아왔다. 이 세상에서의 낮아짐은 반드시 믿음의 능력이 되어 돌아온다.

우울증을 한 번 겪은 사람은 치료가 되어도 약간의 우울증과 함께 살아가야 한다는 말이 있다. 나의 이런 경험 때문에 낮아진 마음에 조금은 공감할 수 있게 되어서 그런지, 그 뒤로 우울증과 공황장애로 고통받는 사람들에게서 연락이 온다. 하루는 대학 친구에게서 연락이 왔다. 휴대폰 연락처 목록에 이름은 많은데 전화할 사람도 메시지 보낼 사람도 없다며 너무 힘들고 외로워서 전화했다는 것이다. 또 다른 지인은 어떤 모습으로, 어느 장소에서, 무엇을 하며 죽을지까지 계획해 놓고 연락하기도 했다. 지금은 모두 회복되었다. 나는 자살을 막고 우울증을 치료하는 어떠한 능력도 없다. 특별함이 없는데도 회복을 보게 된다.

낮아짐에는 반드시 하나님의 능력이 따라온다. 욥은 하나님의 섭리를 다 알았다고 말하지 않는다. 오히려 무지한 말로 하나님의 뜻을 이러쿵저러쿵 이야기하지 않겠다고 다짐한다. 하지만 분명한 것은, 욥이 하나님과 한 단계 더 깊은 차원의 동행을 하게 되었다는 것이다.

> "내가 주께 대하여 귀로 듣기만 하였사오나 이제는 눈으로 주를 뵈옵나이다"(욥 42:5).

나도 내 인생과 타인의 인생을 향한 하나님의 뜻을 다 알았다고 함부로 말하지 않기로 했다. 고통의 의미를 해석했다라고 말하지 않으려고 한다. 낮아짐 속에서 하나님께서 보여 주시는 만큼만 더 보려고 한다. 그 어떠한 것도 나를 하나님의 사랑에서 끊을 수 없음을 다시 한번 생각한다.

"내가 확신하노니 사망이나 생명이나 천사들이나 권세자들이나 현재 일이나 장래 일이나 능력이나 높음이나 깊음이나 다른 어떤 피조물이라도 우리를 우리 주 그리스도 예수 안에 있는 하나님의 사랑에서 끊을 수 없으리라"(롬 8:38-39).

제6화

하나님의 표식

영국 NGO 학교에서 공부할 때 덴마크를 방문한 적이 있다. 해변을 끼고 있는 한적한 시골 마을에서 산책하다가 한 덴마크인 아저씨와 대화하게 되었다. 한국에 대해 본인이 아는 것들을 이야기했는데 "삼성, 엘지, 현대 그리고 닥터 용기 조(Dr. Young Gi Cho)"라고 했다. 나는 '닥터'라는 말에 '한국에 세계적인 의사 선생님이 있나?'라고 생각했다. 알고 보니 여의도순복음교회 조용기 목사님을 지칭한 말이었다.

20여 년 전에는 외국에 한국 기업이나 제품 이외에 문화, 사람에 대해서는 그다지 알려지지 않았다. 하지만 요즘은 많이 다르다. 선교지에서도 한국 문화와 콘텐츠에 빠져 있는 청소년들을 쉽게 만날 수 있다. 얼마 전 CTS에서 주관한 K-가스펠 경연대회에서도 선교지만을 위한 번외편이 있었을 정도다. 케이팝(K-pop) 가수 중 2NE1이라는 아이돌은 선교지에서도 인기 있었다. 그 가운데 "내가 제일 잘나가"(I am the Best)라는 노래는 과테말라 음악 프로그램 순위에서 최고를 기록하기도 했다. 가사 내용은 '내가 여기서 최고이니 아무도 나를 넘보지 말라'는 것이다.

이 노래를 들으면서 성경 등장인물 중 딱 맞는 사람이 떠올랐다. 바로 낮아지기 전 야곱이다. 야곱이라는 이름은 그의 출생과도 관련이 있는데, 쌍둥이 형의 발꿈치를 잡고 나왔다는 데서 유래하였다.

> "후에 나온 아우는 손으로 에서의 발꿈치를 잡았으므로 그 이름을 야곱이라 하였으며…"(창 25:26).

다시 말해 태어나면서부터 피붙이와도 경쟁했고, 뒤처지면 발목이라도 잡고 늘어지는, 지금으로 치면 경쟁을 좋아하고 승부욕이 강한 사람이었다. 항상 이겨야 하는 사람, 자기가 제일 잘나야 직성이 풀리는 사람, 남보다 내가 더 성공하는 데 집착하는 사람이 바로 야곱이었다. 한마디로 그는 유행가 가사에 나오는 "내가 제일 잘나가" 하는 사람이었다. 심지어는 이미 자연적으로 정해진 것도 인정하지 못했다. 그는 결국 형의 장자권과 축복을 빼앗고 형의 칼날을 피해 도망가는 처지가 되고 말았다.

> "그의 아버지가 야곱에게 축복한 그 축복으로 말미암아 에서가 야곱을 미워하여 심중에 이르기를 아버지를 곡할 때가 가까웠은즉 내가 내 아우 야곱을 죽이리라 하였더니"(창 27:41).

이로써 그는 집에서 도망쳐 광야에서 돌베개를 베고 잠을 청하는 처량한 신세가 된다. 이런 낮아짐을 겪었으면 좀 변할 만도 한데 그는 변하지 않는다. 사람마다 낮아짐의 방법과 방향이 다 다르니 어떻게 알 수 있겠는가. 그러나 큰일을 겪고도 그의 라이프 스타일(삶의 방식)은 전혀 변하지 않는다. 삼촌 라반의 집에 가서도 삼촌과 경쟁한다. 물론 라반도 잘못한 것이 많았지만, 야곱도 자기 재산을 늘리는 과정에서 편법과 속임수를 사용했다. 서로 속고 속이는 관계가 된 것이다.

"약한 양이면 그 가지를 두지 아니하니 그렇게 함으로 약한 것은 라반의 것이 되고 튼튼한 것은 야곱의 것이 될지라 이에 그 사람이 매우 번창하여 양 떼와 노비와 낙타와 나귀가 많았더라"(창 30:42-43)

결국 라반이 쇠하는 만큼 야곱은 흥한다. 야곱은 무일푼으로 집에서 나와 자수성가한 사람이 되었다. 세상적으로는 자수성가의 성공 신화를 쓴 사람이다. 그럼 지금까지 야곱의 삶에 대한 하나님의 평가는 어떨까?

"여호와께서 유다와 논쟁하시고 야곱을 그 행실대로 벌하시며 그의 행위대로 그에게 보응하시리라 야곱은 모태에서 그의 형의 발뒤꿈치를 잡았고 또 힘으로는 하나님과 겨루되"(호 12:2-3).

"여호와께서 야곱의 영광을 회복하시되 이스라엘의 영광 같게 하시나니 이는 약탈자들이 약탈하였고 또 그들의 포도나무 가지를 없이 하였음이라"(나 2:2).

야곱의 인생이 여기서 끝났다면 그는 절대로 이스라엘 열두 지파의 조상이 되지 못했을 것이다. 하지만 하나님께서 그의 삶에 개입하신다. 어떻게? 그를 낮추심으로!

야곱은 라반을 떠나 고향으로 돌아간다. 하지만 그에겐 형 에서라는 큰 산이 남아 있었다. 에서를 20년 가까이 피해 살았지만 달라진 것은 전혀 없었다.

> "사자들이 야곱에게 돌아와 이르되 우리가 주인의 형 에서에게 이른즉 그가 사백 명을 거느리고 주인을 만나려고 오더이다"(창 32:6).

〈300〉이라는 영화가 있다. 잘 훈련된 300명의 스파르타인이 페르시아 제국도 휘청거리게 한다는 내용이다. 에서는 거기에 100을 더했다. 400명의 군사를 이끌고 야곱을 향해 갔다. 이건 환영의 목적이 아니었다. 에서도 야곱이 집을 떠날 때와 달라진 것이 없었다.

'옛일인데 형의 마음이 누그러졌겠지? 아직까지 나에게 억하심정이 있겠어?'

아니다! 시간이 많은 문제를 해결해 주는 것은 맞지만 모든 문제를 해결해 주지는 않는다. 결자해지해야 할 문제들도 반드시 있다. 야곱은 형에게 줄 엄청난 양의 예물을 앞세워서 보내고, 그 뒤로 자기 종들과 식솔들을 보내고, 마지막에 아내들과 아들을 보냈다. 여차하면 도망칠 기세였다. 하지만 모두를 강 건너로 앞서 보낸 그날 밤, 그는 완전한 변화를 경험했다.

> "야곱은 홀로 남았더니 어떤 사람이 날이 새도록 야곱과 씨름하다가 자기가 야곱을 이기지 못함을 보고 그가 야곱의 허벅지 관절을 치매 야곱의 허벅지 관절이 그 사람과 씨름할 때에 어긋났더라"(창 32:24-25).

하나님께서는 이날 밤에 야곱이 완전히 낮아지도록 그와 씨름해 주셨다. 그 밤은 낮아짐의 시간이었다. 어떤 낮아짐이었나? 야곱은 허벅지뼈가 부러져 장애인이 되었다. 성경에서 말하는 허벅지 관절은 대퇴골 넓적다리뼈라고도 한다. 엉덩이부터 무릎까지로, 인간의 뼈 중 가장 크고 길고 강하다. 그리고 허벅지 뼈에 붙어 있는 근육들은 사람의 전체적인 운동능력과 밀접한 연관이 있고, 특히 생식능력과도 관련되어 있어 힘의 근원으로 여겨진다. 한마디로 사지 멀쩡하여 많은 아내를 거느리며 자기 힘으로 살려고 하는 바로 그 근원을 꺾으신 것이다.

그날 밤 야곱은 남의 발목을 잡는 자에서 성령님께 이끌리는 사람으로 변화되었다. 비로소 하나님께서 쓰실 만한 그릇으로서 하나님께 영광을 돌리는 사람이 된 것이다. 하나님은 상징적으로 그의 이름도 바꿔 주셨다.

> "그가 이르되 네 이름을 다시는 야곱이라 부를 것이 아니요 이스라엘이라 부를 것이니…"(창 32:28).

'야곱'(발꿈치를 잡는 자)에서 '이스라엘'(하나님은 강하시다)로 그 이름을 바꿔 주셨다. 이름대로 그는 이스라엘 열두 지파의 조상이 되었다.

나의 멘토 목사님 중에 교회를 건축하다 빚을 져서 건물이 넘어가고 교회가 무너진 분이 계신다. 그때 충격으로 안면에 마비가 왔다. 지금도 후유증으로 안검하수 증상이 있다. 목사님이 설교할 때 흉하지 않더냐고 내게 물으셨다. 눈이 감기고 입도 실룩샐룩하는데 보기 불편하지 않냐는 것이다. 그런데 나는 목사님을 볼 때마다 야곱의 골절된 허벅지 관절이 생각났다. 그것이 약점이나 장애로 보이지 않고 하나님과 씨름한 징표, 은혜의 표식으로 보였다.

야곱은 다리를 절게 되었고, 멘토 목사님은 안검하수로 불편하게 되었으며, 나는 정신적인 손상을 입었다. 우울증과 공황장애를 심하게 앓으면 이전의 삶으로 완전하게 돌아갈 수 없다. 다리를 저는 것처럼 마음과 정신에 흔적이 남는다. 어찌 보면 힘이 다 빠져 보이기도 하고 열정이 식어 보이기도 하지만, 그렇지 않다. 정말로 바뀐 것은 기도였다.

전에는 "실패할까 두렵습니다. 형 에서라는 세상의 수많은 위협이 두렵습니다"라고 야곱처럼 기도했다면, 이제는 "꿈과 비전이 아니고는 좀처럼 소망이 생기지 않는 저를 불쌍히 여겨 주옵소서. 하나님을 온전히 바라보지 못하는 것을 회개합니다. 하나님이 제 인생을 주님의 뜻대로 사용하여 주옵소서"라고 기도한다.

야곱은 그날 밤 완전히 바뀌었다. 예수님도 그의 삶에 대해 언급하신다.

"나는 아브라함의 하나님이요 이삭의 하나님이요 야곱의 하나님이로라 하신 것을 읽어 보지 못하였느냐 하나님은 죽은 자의 하나님이 아니요 살아 있는 자의 하나님이시니라 하시니"(마 22:32).

"주께서 야곱에게 말씀을 보내시며 그것을 이스라엘에게 임하게 하셨은즉"(사 9:8).

우리가 믿는 하나님은 엄밀히 말하면 야곱이 믿었던 바로 그 하나님이고, 야곱의 삶에 함께하셨던 그 하나님이 지금 우리와 함께하신다! 이것이 임마누엘이다.

이 세상에는 하나님이 보시기에 아름다운 사람들이 있다. 그 사람들의 공통점은 하나님께서 직접 그의 인생에 개입하신 흔적이 있다는 것이다. 하나님의 손때 묻은 사람, 온전히 성령님의 인도하심을 받는 사람들이다. 어릴 때는 야곱의 임기응변과 능력에 마음이 끌렸다면, 이제는 야곱의 저는 다리가 그렇게 아름답게 보일 수가 없다.

예수님께서도 손과 발에 표징을 남기셨다. 예수님의 그 표시는 십자가에서 자신의 자유를 구속당하신 흔적이다. 중범죄자들이나 노예들이 받는 십자가 형벌을 받으셨고, 온갖 수치를 당하며 고통 가운데 죽으셨다. 예수님께서는 십자가 위에서 처참하고 치욕적인 방식으로 우리 모두를 위해 자신을 내어 주셨다. 종의 형체를 입고 낮아짐으로 하나님께 영광을 돌리셨다!

오늘도 나의 낮아짐의 시간들을 돌아보며 야곱의 허벅지 관절을 생각한다. 그리고 예수님의 십자가를 바라본다.

> "…누구든지 나를 따라오려거든 자기를 부인하고 자기 십자가를 지고 나를 따를 것이니라"(마 16:24).

제7화
다른 일을 하세요

교회 사역을 내려놓은 뒤 다섯 가족의 생계를 위해 일을 해야 했다. 목회 외에 다른 일을 해본 경험이 별로 없기에 무슨 일을 해야 할지 몰랐다. 벌써 40대가 되었고 전문적인 지식이나 기술이 없으니 앞날이 막막했다. 하루 8시간 이상 10년 동안 한 가지 일을 하면 그 분야의 전문가가 된다고 한다. 나는 교육전도사와 신학생 시절을 합하면 거의 20년을 사역자로 살았다. 하지만 세상에서 직장을 구하는 데 목회 경력은 아무런 쓸모가 없었다. 아니, 대학, 고등학교에서 배운 지식도 생계 전선에서는 무용했다.

요즘 교단이나 신학교에서 '목회자 이중직'에 대한 논의가 뜨겁다. 목회만으로 생계를 감당하기 어려운 목회자들이 세상 직업을 병행할 수 있도록 허용해 주느냐 마느냐에 관한 논의이다. 하지만 나는 목회자 이중직은 본질적으로 '허용'의 문제가 아니라고 생각한다. 한국에는 6만여 교회가 있고 그중 80퍼센트가 30명 미만의 개척 교회이다. 그리고 대다수의 개척 교회가 자립이 어려운 실정이다. 부모에게서 많은 재산을 물려받은 특수한 경우를 제외하고 최저생계비도 보장받지 못하는 목회자가 허다하다. 한국에서 목회자는 노동자가 아닌 종교인이기 때문에 사회적 보장도 받지 못한다.

그럼 목회를 그만두거나 이중직을 하면 되지 않느냐고 이야기하는 분들이 있다. 'Business as Mission', 목회자 이중직, 비즈니스 선교, 카페 교회, 일하는 목회자 등 모두 경제 활동을 하면서 사역을 하는 것을 지칭하는 말이다. 그럴듯해 보이지만 실상을 경험해 보면 그렇지 않다.

목회자는 대부분 30대에 목사 안수를 받는다. 교단에 따라 다르지만 보통 대학을 졸업하고 신학대학원에 진학한다. 신학대학원 이후 교단 교회에서 몇 년간 수련 목회(전도사, 강도사 등)를 하면 목사 안수를 받을 자격이 주어진다. 일부 교단에서는 결혼하지 않으면 목사 안수를 받을 수 없다. 어쨌든 대부분 30대 초반에 목사로 사역을 시작한다. 초임 목사 대부분은 규모 있는 교회에서 부교역자(교회학교, 청년부 같은 부서 사역이나 교구 등)의 일을 감당한다. 부교역자의 사례가 넉넉하지는 않지만 그래도 생존은 가능하다.

하지만 부교역자의 생명은 대부분 40세까지이다. 그 이후의 길은 많지 않다. 재정적으로 자립한 교회에서 담임목사로 청빙을 받거나 교회를 개척하는 것이다. 정상적인 교회에 담임목사로 청빙되는 것은 하늘의 별 따기이므로 따로 이야기하지 않겠다. 그러면 남은 것은 교회 개척인데, 개척된 교회는 대부분 미자립 교회로 남는다. 그래서 목회자가 생계 전선에 뛰어드는 것은 40대가 되어서이다.

목사로서 세상 직업을 갖고 일하는 경우 무엇이 힘든가? 내가 40대에 대한민국에서 생계 전선에 뛰어들어 보니, 가장 힘든 것은 어떤 일을 하든 40대 나이에도 숙련자가 아니라 초보라는 것이다. 40대에 무언가를 새로 배우고 숙련자가 되는 것은 쉽지 않다. 그리고 당장 가족의 생계 때문에 직업 전선에 뛰어든 것이니

수년간 배우기만 할 수는 없는 노릇이다. 빨리 익혀서 써먹을 수 있는 기술은 대부분 단순한 업무이며 인건비도 낮다. 누가 해도 할 수 있는 일들이다. 또 몇 개월 배워서 큰돈을 벌 수 있다는 일은 대부분 사기이거나 사기성이 있다.

그 당시 내가 시작한 일은 에어컨 설치와 청소 일이었다. 이미 생계 전선에 나가 있는 신학교 동기 목사가 찾아와 그 일을 추천했다. 나는 에어컨에 대한 전문 지식이 없었기 때문에, 먼저 공조냉동기기의 지식을 익히려고 관련 학원에 다녔다. 평생 성경을 읽고 설교를 준비하며 살았기에 공부하는 것은 익숙했다. 그럼에도 어떤 목사가 냉동기기 관련 용어들을 외우는 것이 즐겁겠는가? 가족을 생각하며 죽을힘을 다해 새로운 지식을 익혔다. 그 덕분에 학원에서 표창까지 받으며 성실함을 인정받았다.

하지만 할 만한 것은 딱 거기까지였다. 현실은 냉정했다. 한동안 보조 기사로 최저 임금만 받고 일을 했다. 아무리 열심히 해도 어떤 일이든 평생 기계를 다룬 사람들과 같을 수는 없었다. 잦은 실수로 무시당하기 일쑤였다. 가끔 고객들에게 실력이 들통 날 때면 쥐구멍에라도 숨고 싶었다. 마치 수학 강사라고 왔는데 구구단도 모르는 꼴이었다.

"보조 기사님이 나이가 많아 보이네" "이런 일 하실 분처럼 안 생기셨는데, 다른 일을 하세요" "그 나이가 되도록 아직도 짐이나 나르는 보조에서 못 벗어났어요?" 하는 식의 말을 들으면 나의 인생 전체를 평가받는 듯한 느낌이 들었다. 사실 숙련 기술은 밤낮 현장에서 10년은 일해야 생기는 것이다. 목회자의 최소한의 자존심은 '그래도 목회, 하나님의 일을 하고 있다'라는 사명감이다. 그래서 사역에 방해가 안 될 만큼만 일하려고 하는데, 그것이 또 숙련자가 되는 데 더 오랜 시간이 걸리게 한다.

교회 목회에 실패한 것에 대한 평가는 성도들에게서 받은 것이 아니었다. 그 평가는 세상 사람들이 해주었다. 실패에 대한 대가는 혹독했다. 하지만 이 일을 통해 하나님은 물질에 대해 목회하면서는 배울 수 없는 것을 알게 하셨다.

> "내가 궁핍하므로 말하는 것이 아니니라 어떠한 형편에든지 나는 자족하기를 배웠노니"(빌 4:11).

어느 날, 이른 아침부터 일이 들어오기 시작했다. 늦은 저녁까지 일을 하고 나니 주머니에 100만 원이 넘는 돈이 들어 있었다. 하나님께서 하루에 100만 원이 넘는 돈을 벌게 하신 것이다. 어떤 날은 60만 원, 30만 원을 벌게 하셨다. 돈은 내가 많이 벌고 싶다고 많이 벌 수 있는 것이 아니었다. 어떤 날은 최선을 다했으나 만 원도 벌지 못했다. 하지만 하루에 100만 원 넘게 벌어도, 만 원짜리 한 장 만지지 못해도 전혀 기쁘거나 슬프지 않았다.

"하늘이 주의 것이요 땅도 주의 것이라…"(시 89:11).

성경은 세상의 모든 것이 하나님의 것이고, 우리의 모든 소유도 하나님의 것이라고 말한다. 하지만 정말 그렇게 믿고 행동하는가? 이 세상에서 가장 교만한 생각은 '내 힘과 실력으로 번 돈이니 내 마음대로 써도 된다'라는 것이다. 나는 나에게 허락된 물질을 사용할 때 주인에게 묻고 있는가? 주인이 원하는 데 사용하고 있는가? 일할 수 있는 힘은 누가 주었는가? 누가 그 시간들을 허락했는가?

적은 물질이든 큰 물질이든 모든 물질은 하나님의 것이다. 시간 역시 하나님의 것이다.

에어컨 일로 생계를 유지할 수 있었지만, 이 일은 여름밖에 할 수 없는 일이었다. 그래서 겨울에는 가스 배관공 보조 일을 했다. 가스를 다루는 일은 위험물을 취급하는 일이다. 사소한 실수가 큰 사고로 이어질 수 있다. 더욱더 숙련이 필요했고, 어깨너머로 배워 전문가가 되는 것은 불가능했다. 또 몇 달간 팀으로 지방에 내려가 합숙하는 경우가 많았다. 가장 왕성하게 일하는 전문가들이 나와 같은 40대였다. 이처럼 내 나이가 적지 않음에도 현장과 숙소에서 막내 일을 하며 지냈다.

배관공 보조 일은 나를 훨씬 더 낮아지게 했다. 어느 한겨울 여수 산업단지 공사 현장에 새벽같이 출근했다. 수만 명의 인파가 새벽 바닷바람을 맞으며 각자의 사연을 가지고 고된 현장으로 향하고 있었다. 신발을 안전화로 갈아신는데, 그해 겨울은 유난히 추워 양말을 두 겹으로 신어도 발이 얼어붙어 갈라지고 쓰라렸다.

나는 그동안 책상머리에 앉아 세상을 다 아는 듯 목회했던 것이 떠올랐다. 고단한 성도들의 삶을 위로하고 격려했지만, 솔직히 내가 더 힘들다고 생각했다. 교만한 모습이었다. 차라리 말로만 위로하지 말고 함께 울어 주었더라면 좋았겠다는 생각이 들었다. 그해 겨울, 손발은 차가웠지만, 귀로만 듣던 하나님을 눈으로 보는 시간이었다.

그 후 하나님은 내가 교회를 개척하고 목회하면서 짊어진 모든 빚을 3년 동안 일하면서 다 갚게 하시고 다섯 식구를 건사하게 하셨다. 교회에서는 경험하지 못한 세상 속에 서 계신 하나님의 풍성함도 경험하게 하셨다. 괴로운 일만 있었던 것은 아니다. 물질로 인해 사람을 잃게도 하셨지만, 새로 얻게도 하셨다. 시간이 남아 초침을 세게도 하시고, 시간이 없어 잠을 못 자게도 하셨다. 돈, 사람, 시간, 모든 것이 지나가는 가운데 그런 것들에 마음을 빼앗기지 않고 묵묵히 일하시는 하나님을 바라보게 하셨다.

사람은,
돈이 많아서 기쁜 것도 아니다.
돈이 없어서 슬픈 것도 아니다.

사람을 잃어서 좌절할 것도 아니다.

사람을 얻어서 희망이 있는 것도 아니다.

시간이 없어서 실패하는 것도 아니다.
시간이 있어서 성공하는 것도 아니다.

사람은,
하나님을 놓치면 아무것도 아니다.

"…풀은 마르고 꽃은 떨어지되 오직 주의 말씀은 세세토록 있도다 하였으니 너희에게 전한 복음이 곧 이 말씀이니라"(벧전 1:24-25).

제8화

돌파는 낮아져야 시작된다

그런데 정말 '낮아짐'에 하나님의 권능이 나타날까? 정신적인 승리 말고, 실제적으로 어떤 권능이 나타날까? 그렇다. 낮아짐에는 하나님의 권능이 나타난다. 바로 절대 뛰어넘을 수 없는 경계를 돌파하는 권능이다.

> "오직 성령이 너희에게 임하시면 너희가 권능을 받고 예루살렘과 온 유대와 사마리아와 땅 끝까지 이르러 내 증인이 되리라 하시니라"(행 1:8).

예수님은 성령의 권능을 받아야 증인이 될 수 있다고 말씀하신다.

예전에는 사도행전 1장 8절에 나오는 권능이 복음을 전하는 '스킬'이라고 생각했다. 타 문화권 선교를 가야 하니 언어를 유창하게 하는 권능, 기도하여 병을 낫게 하는 권능, 성경을 가르치면 회개하고 회심하게 하는 권능 등으로 생각을 많이 한 것 같다. 하지만 이 권능이 무엇인지 성경은 분명하게 말하고 있다. 사도행전 1장 8절 권능의 역사가 전 세계 곳곳에서 지금도 일어나고 있지만, 처음 성취된 것은 바로 스데반 사건이었다.

> "그들이 돌로 스데반을 치니 스데반이 부르짖어 이르되 주 예수여 내 영혼을 받으시옵소서 하고 무릎을 꿇고 크게 불러 이르되 주여 이 죄를 그들에게 돌리지 마옵소서…그날에 예루살렘에 있는 교회에 큰 박해가 있어 사도 외에는 다 유대와 사마리아 모든 땅으로 흩어지니라"(행 7:59-8:1).

스데반의 죽음은 예수님을 연상케 한다. 그의 낮아짐은 죽음(순교)이었고, 그 낮아짐의 권능을 통해 복음이 예루살렘이라는 경계를 뚫고 온 유대와 사마리아까지 퍼져 나갔기 때문이다. 스데반의 죽음으로 사도행전 1장 8절 말씀은 처음으로 성취되었다.

낮아짐은 경계를 돌파하는 하나님의 권능이다. 사람은 낮아짐을 경험하기 전까지는 절대로 자기의 고향, 친척, 아비의 집을 떠나려고 하지 않는다. 높아지면 성벽을 쌓고 자기의 왕국을 만드는 것이 인류의 역사이다. 디아스포라(자신의 나라를 떠나 이민자로 사는 사람들)의 역사를 보라! 신앙의 자유를 억압받는 낮아짐을 통해, 생존을 위협받는 낮아짐을 통해, 전쟁으로 인한 피난의 낮아짐을 통해 지리적, 문화적, 언어적 경계를 뚫고 새로운 세상으로 나아오지 않았는가. 스데반의 낮아짐(순교)이 복음의 기쁜 소식이 지리적 경계를 뚫고 퍼져 나가게 만든 것이다.

예수님의 낮아짐(십자가)은 하나님과 인간 사이의 죄라는 경계를 뚫은 사건이었다. 이것이 가장 큰 권능이다. 이처럼 낮아짐에는 반드시 돌파의 권능이 뒤따른다. 선교가 그렇게 시작되었고 지금도 마찬가지이다. 선교의 성패는 낮아지는 것에 달렸다. 선교지에서 잘 낮아져 현지인들의 발을 씻어 주면 성공하는 것이다. 잘 낮아지지 못해 교만하고 현지인들을 내려다보며 발을 닦게 하면 실패하는 것이다.

낮아짐을 경험한 우리 모두는 하나님의 권능을 받은 선교사들이다. 나는 하나님이 보내신 땅에 선교사로 서 있지만, 이는 남들보다 믿음이나 능력이 출중해서가 결코 아니다. 선교사로 헌신할 수 있었던 결단은 하나님이 낮아짐이라는 권능의 상황을 주셨기 때문이다.

과테말라는 한국에 알려진 것이 별로 없는 나라이다. 내가 '과테말라'라는 이름을 들었을 때도 그랬다. 잘 알지 못했고, 단 한 번도 과테말라를 위해서 기도해 본 적이 없었다. 낮아짐이라는 권능을 경험하지 못했다면 결코 쳐다보지도 않을 땅이었다. 하지만 하나님이 낮추시니 마음이 달라졌다. "주 예수와 동행하니 그 어디나 하늘나라"라는 찬송가 가사처럼 하나님이 부르신다면 남극이나 북극도 예수님이 계신 곳이다. 남극이나 북극도 찬양하며 갈 판에 과테말라는 너무나 아름다운 젖과 꿀이 흐르는 땅으로 보였다.

낮아짐은 경계를 뚫는 하나님의 권능이다.

보내는 선교사도 마찬가지이다. 선교는 현장으로 나가는 대표자가 있지만, 그 뒤에는 보내는 교회와 성도들이 있다. 보내는 선교사도 하나님 앞에 무릎 꿇고 낮아져 기도하면 선교에 성공하지만, 낮아짐을 잊고 기도하지 않으면 실패한다. 우리 가족이 선교 훈련을 받은 SEED 선교회의 모토는 "선교는 교회가 한다"이다. 기도와 후원으로 함께하는 성도들도 선교사가 받는 동일한 상급을 받는다. 선교는 교회 전체가 모두 부르심을 받은 것이다. 그래서 바울은 항상 하나님께서 자기 자신만 불렀다고 말하지 않았다. 교회 모두가 부름을 받았다고 말한다.

"너희도 그들 중에서 예수 그리스도의 것으로 부르심을 받은 자니라"(롬 1:6).

그래서 바울은 교회에 항상 기도해 줄 것을 부탁했다. 나도 나를 아는 모든 사람에게 동일한 부탁을 하고 싶다.

"또 나를 위하여 구할 것은 내게 말씀을 주사 나로 입을 열어 복음의 비밀을 담대히 알리게 하옵소서 할 것이니"(엡 6:19).

제9화

인생의 멘토들

스데반의 낮아짐으로 복음이 예루살렘이라는 경계를 돌파하여 전 세계로 퍼지기 시작하였다. 가장 먼저 빌립이 복음을 들고 사마리아로 갔다. 사마리아성에서 빌립의 전도를 통해 많은 사람이 예수를 믿게 되었고 공식적인 교회가 세워졌다. 빌립은 사마리아 교회의 수장으로서 할 일이 많아졌다. 이제 승승장구할 일만 남았는데 하나님의 명령이 떨어진다.

"…남쪽으로 향하여 예루살렘에서 가사로 내려가는 길까지 가라 하니 그 길은 광야라"(행 8:26).

하나님께서 사마리아 교회를 더욱 부흥시키고 든든히 하라고 명령하시지 않고 왜 난데없이 '가사'로 가라고 하셨을까? 게다가 가사에 가서 전도하라는 것도 아니고, 가사로 내려가는 길까지만 가라고 하신다. 가사로 가는 길은 광야였다. 이제 막 교회를 세우고 부흥시켜야 할 그에게 왜 하나님은 사람 만나기 어려운 광야 길을 가라고 하신 것일까? 빌립은 도저히 주님의 명령을 이해할 수 없었다. 하지만 말씀에 즉시 순종했다.

하나님이 쓰는 사람들은 낮아짐에 순종하는 사람들이다. 특히 하나님께서 급하게 쓰실 때는 더욱더 그렇다. 하나님은 이런 저런 일들을 미리 설명해 주시지 않는다. 하나님은 일 잘할 사람을 부르시는 것이 아니라 낮아짐에 온전히 순종하는 사람을 쓰시기 때문이다.

빌립은 목적을 알지 못한 채 순종했지만 하나님께서 예비한 한 사람을 만났다. 바로 에디오피아 내시였다. 성경에 많은 인물이 나오지만 이 사람만큼 상상력을 자극하는 사람도 없다. 성경 인물로 영화를 만든다면 에디오피아 내시만큼 입체적인 인물은 드물 것이다.

"일어나 가서 보니 에디오피아 사람 곧 에디오피아 여왕 간다게의 모든 국고를 맡은 관리인 내시가 예배하러 예루살렘에 왔다가 돌아가는데 수레를 타고 선지자 이사야의 글을 읽더라"(행 8:27-28).

그는 이방인이었다. 아프리카 출신으로 외모가 완벽하게 다른 이방인 중의 이방인이었다. 말이 끄는 수레를 타는 엄청난 부자였는데, 에디오피아 국고를 전부 맡은, 지금으로 치면 한 나라의 재무부 장관 정도의 고위직 공무원이자 세속 정치인이었다. 가장 중요한 사실은 그가 내시였다는 것이다. 여기서 내시는 고자를 의미한다.

성경에 묘사된 그의 모습은 정확히 유대인과는 반대된다. 아마 소설가라도 이보다 더 극명한 인물을 만들어 내기는 어려울 것이다. 하지만 그의 이러한 외적인 요소와는 반대로 내면의 신앙은 오히려 유대교 종교 지도자들을 부끄럽게 만들기에 충분했다.

그는 예배자로 예루살렘에 왔다 돌아가는 길이었다. 에디오피아에서 예루살렘까지는 말이 끄는 수레로 한 달 길이었다. 그의 행렬은 말 여러 필과 수행원을 대동한 국빈급 이동이었을 것이다. 이동 시간만 최소 두 달, 예배 기간은 최소 일주일이니, 그는 적어도 두 달 이상의 국정 업무를 뒤로하고 이곳에 왔다. 태양신을 섬기는 에디오피아에서 여호와 하나님을 예배하러 간다는 것은, 간다게 여왕의 허락 없이는 불가능했을 것이다. 그가 이 신앙의 여정을 위해 얼마나 오랫동안, 또 얼마나 성실히 준비했는지 충분히 가늠할 수 있다.

더 놀랍게도 그는 이사야서 성경을 가지고 있었다. 당시는 종이가 발명되기 전이므로 그가 가진 성경은 파피루스 두루마리였을 것이다. 파피루스 성경은 아무나 소지할 수 있는 물건이 아니었다. 유대인 회당에서나 한 권 정도 보관하고 있을 정도로 귀한 책이었기에 개인이 구하여 소장하는 것은 거의 불가능했다. 이로 보아 그는 자신의 신앙을 위해 큰 물질을 투자했다는 것을 알 수 있다.

게다가 그는 수레에서 이사야서를 읽고 있었다. 이사야서는 히브리어로 쓰여 있다. 당시 히브리어는 생활 언어가 아닌 성경을 읽고 배우는 데만 쓰이는 유대인의 문자 언어였다. 지금 우리로 치면 한글의 훈민정음 같은 것이다. 이방인이 히브리어를 읽고 그 뜻을 이해한다는 것은 상상하기 어려운 일이었다.

나는 멀미가 심해서 기차나 자동차 안에서는 어지간하면 책을 읽지 않는다. 하지만 에디오피아 내시는 말이 끄는 수레에서, 그것도 광야 길을 가는 수레에서도 성경을 읽고 있었다. '아! 나는 하나님을 향해 이 정도의 열정이 있는가?' 내심 부끄러운 마음이 든다.

여기까지만 보아도 성경에 기록되지 않은 그의 어린 시절부터 지금까지의 인생 전체가 머릿속에 그려지는 듯하다. 그러면서 자연스럽게 질문이 떠오른다. '어떻게 하나님을 알게 되었을까? 어떻게 성경을 구했을까? 어떻게 이 여행을 준비했을까? 신앙의 공동체는 있었을까?'

이번 예루살렘에서의 예배는 그의 인생을 건 아주 중요한 여정이었다. 그렇다면 그는 이제 구원받고 영적 자유를 누리게 되었을까? 안타깝게도 그렇지 못했다. 예루살렘에 가서 예배를 드리고 나면 진리를 깨닫고 영적인 자유도 찾을 수 있을 줄 알았다. 그러나 기대했던 영적인 경험을 하지 못하고 돌아가고 있었다. 돌아가는 수레에서 이전보다 더 큰 소리로 성경을 읽어 보았지만 돌아오는 것은 수레 안을 울리는 자신의 목소리뿐이었다.

제9화 인생의 멘토들

여기서 매우 중요한 영적인 사실을 알 수 있다. 스스로의 열심과 노력으로는 신앙생활에 한계가 있다는 것이다.

대학 때 회심한 나는 처음부터 뜨겁게 하나님을 사랑하고자 했다. 하지만 어떻게 신앙생활을 해야 하는지 구체적으로 알려 주는 사람이 없었다. 교회에서는 예배에 잘 참석해야 한다고 하여 새벽예배, 수요예배, 금요기도회, 주일 낮예배, 오후예배, 기타 주중 예배와 기도회에 참석했다. 그뿐 아니라 초교파적으로 열리는 크고 작은 규모의 집회나 대형 교회 집회, 찬양 집회 등도 빠지지 않고 참석했다. 그러나 이렇게 많은 예배에 참석하는 것이 정말 예수님의 제자로서 하나님의 뜻대로 사는 것의 전부인지 의심스러웠다.

그다음으로 훈련을 받아야 한다고 해서 새가족 훈련부터 시작하여 청년 모임, 성경 공부, 제자 훈련, 선교 훈련, 성경 통독, 성경 파노라마, 교사 훈련 등 좋은 프로그램이라고 하는 것은 다 찾아다니며 받았다. 봉사도 해야 한다고 해서 교육부 교사, 청년부 회장, 찬양팀 리더, 남전도회, 각종 선교회, 단기팀 선교 등 수십 가지를 섬겼으며, 급기야 작은 교회를 섬겨야 한다고 해서 개척 교회로 옮겨서 섬기기까지 했다. 또 기도해서 성령의 불을 받고 하나님의 음성을 들어야 진정한 제자가 된다고 해서 기도원에 올라가 밤새도록 기도하고, 시간을 정하여 금식하며 기도했다. 하지만 이렇게 열심을 다하는 것이 과연 신앙생활의 전부인가 하는 의구심은 사라지지 않았다. 꼭 에디오피아 내시 같았다.

그렇다면 내시에게 부족한 부분이 무엇이었을까?

> "빌립이 달려가서 선지자 이사야의 글 읽는 것을 듣고 말하되 읽는 것을 깨닫느냐 대답하되 지도해 주는 사람이 없으니 어찌 깨달을 수 있느냐 하고 빌립을 청하여 수레에 올라 같이 앉으라 하니라"(행 8:30-31).

문제는 바로 지도해 주는 사람이 없다는 것이었다. 한마디로 멘토가 필요했다. 그래서 하나님은 빌립을 그에게 보내셨다. 빌립은 그에게 가서 무엇을 어떻게 지도해 주었을까?

> "빌립이 입을 열어 이 글에서 시작하여 예수를 가르쳐 복음을 전하니"(행 8:35).

제9화 인생의 멘토들

에디오피아 내시가 읽고 있던 이사야서 53장에는 고난받는 하나님의 종이 등장한다. 그 종은 우리의 죄악 때문에 고난을 받게 되는데, 그의 희생으로 그를 진심으로 믿는 모든 사람의 죄를 사하여 준다는 것이다. 이러한 일이 일어날 때는 그동안 소외되었던 이방인이나 고자라고 할지라도 하나님의 자녀가 되고 영원한 이름을 받는다.

> "여호와께 연합한 이방인은 말하기를 여호와께서 나를 그의 백성 중에서 반드시 갈라내시리라 하지 말며 고자도 말하기를 나는 마른 나무라 하지 말라 여호와께서 이와 같이 말씀하시기를 나의 안식일을 지키며 내가 기뻐하는 일을 선택하며 나의 언약을 굳게 잡는 고자들에게는 내가 내 집에서, 내 성 안에서 아들이나 딸보다 나은 기념물과 이름을 그들에게 주며 영원한 이름을 주어 끊어지지 아니하게 할 것이며"(사 56:3-5).

한마디로 빌립은 에디오피아 내시가 성경에서 자기 자신의 모습을 발견하도록 도와준 것이다. 그리고 그가 그토록 기다리던 고난받는 하나님의 종, 예수 그리스도를 전했다.

"너는 하나님의 자녀이다. 예수님의 제자이다. 그분은 네 이름을 아신다. 절대로 너를 포기하지 않으신다. 끝까지 책임지신다. 힘내!"

이것이 바로 멘토가 해야 할 일이고, 우리가 할 일이다.

돌이켜 보니 나 또한 꼭 필요할 때마다 멘토의 도움을 받았다. 유학 시절에는 신학을 학문이 아닌 삶으로 살아 내시는 교수님이 나의 멘토였고, 목회에서는 많은 선배 목사님이 그 역할을 해 주셨다. 실패와 좌절 속에 있을 때는 먼저 그 길을 걸었던 동역자들이 힘과 용기를 주었다.

선교사로 나와서는 그동안 함께했던 믿음의 동역자들, 부교역자로 섬겼던 교회의 성도님들, 함께 개척 교회를 섬겼던 캔버스 교회 식구들, 교단과 노회의 목사님들의 기도와 후원이 나를 영적으로 살아나게 했고, 지금까지 목회와 선교를 멈추지 않게 하는 원동력이 되었다. 이분들이 모두 나의 멘토들이다.

에디오피아 내시에게 빌립은 하나님이 보내신 멘토였다. 성경적 멘토는 멘티를 감시, 통제하거나 그에게 지시하는 사람이 아니라, 2퍼센트의 부족한 부분을 채워 줌으로 예수님을 뜨겁게 다시 만나도록 돕는 자이다. 오늘도 나는 누군가의 멘토링을 받고 있다. 그리고 누군가의 멘토가 되고 있다. 그래서 오늘도 선교지에서 기쁨으로 걷고 있다!

"…내시는 기쁘게 길을 가므로…"(행 8:39).

제10화
쓸모없는 인간이 되는 경험

'P=9.8×Q×H'

수력발전의 원리를 나타내는 식이다. 여기서 P는 수력 에너지, Q는 수량, H는 낙차이다. 수량이 같을 때는 낙차에 따라 에너지가 더 커진다. 한마디로 물이 높은 곳에서 떨어질수록(낙차가 클수록) 더 많은 에너지가 발생한다.

이 원리는 수력뿐 아니라 역사에도 적용된다. 인생의 낙차가 큰 인물들에게서는 많은 에너지가 발생한다. 다시 말해, 사람들은 낙차가 큰 인물들에게서 큰 감동과 교훈을 받는다는 것이다. 그냥 왕의 아들로 태어나 무난하게 왕이 되고, 큰 문제 없이 왕으로 살고, 다시 아들에게 왕의 자리를 물려주고 죽었다면 별 감동, 에너지가 발생하지 않는다. 그런데 종으로 태어났으나 온갖 역경을 이기고 왕이 되어 나라를 구하고, 자식에게 세습하지 않고 또 다른 능력 있는 종을 왕으로 세웠다면 사람들은 크게 감동하고 그를 위인이라 칭한다.

영성 또한 낙차에서 발생한다. 성경에서 낙차가 큰 인물은 누구일까? 모세만큼 큰 낙차가 있는 인생을 산 사람은 없을 것이다. 모세의 인생은 바닥에서 시작했다. 당시 세상은 이집트 제국이 다스렸다. 모세는 최하층민 히브리 노예의 아들로 태어났다. 태어나 보니 노예 계층이었다. 게다가 당시 히브리인 산아 제한 정책으로 아들이 태어나면 죽여야 했다.

모세는 태어나자마자 죽을 비참한 운명이었다. 모세의 부모가 그를 살려 보려고 석 달 동안 갖은 노력을 다했지만 방법이 없어, 결국 모세를 갈대 상자에 넣어 나일강에 띄웠다. 그런데 어떻게 되었는가? 하나님의 은혜로 이집트 공주에게 발견되어 하루아침에 이집트 왕자가 되었다!

예전에는 성경을 읽으면 이런 것이 부러웠다. 일순간에 높아지는 것, 부자가 되는 것, 높은 지위와 명예를 얻는 것! 그런데 낮아짐을 경험해 보니 왕궁으로 간 모세가 너무 안쓰러웠다. 이집트 왕궁에서 그의 삶이 얼마나 고달팠을까? 노예 혈통에 피부색도 달랐던 모세는 왕궁에서 살아남으려고 독해졌을 것이다. 강해져야만 살아남을 수 있었다. 사실 왕궁에서 모세가 40세가 될 때까지 숙청당하지 않고 살아 있었다는 것 자체가 기적이다.

하지만 그의 인격은 많이 망가져 있었다. 그가 분노하여 사람을 죽이는 것을 보면 알 수 있다. 이집트인이 히브리인들을 괴롭히는 것이 하루이틀은 아닐 텐데, 이집트인이 히브리인을 치는 것을 보고 그는 자기 분을 이기지 못하여 살인을 저질렀다. 영웅처럼 보이고 싶었겠지만 이 사건은 다혈질에 피해의식으로 가득 찬 범죄자가 저지른 살인죄에 지나지 않았다. 이 일로 그는 다시 바닥으로 떨어지며 낮아지고 말았다. 이집트의 왕자에서 한순간 미디안 광야의 나그네가 된 모세, 괜찮았을까?

나도 광야의 나그네가 된 것 같은 때가 있었다. 개척했던 교회 사역을 내려놓았을 때였다. 교회를 개척할 때만 해도 세상에서 가장 건강하고 바른 교회를 세우려는 엄청난 열정과 자신감이 있었다.

'교회는 건물이 아니다. 사람이 교회다. 우리는 장소 없이 교회로 한다! 교회 건물을 성전이라 말하고 말씀을 중심으로 하지 않는 교회는 이단이다! 백 개의 교회가 개척되어도 그중 자립하는 교회는 한 개도 안 되는 시대라고 하고, 다들 이젠 교회 사역이 안 된다고 해도 우리가 바르게 목회하면 반드시 하나님이 도우신다!'

이런 다짐으로 중학교 교실 두 칸을 빌려 교회를 개척하고 1년 만에 3명에게 세례를 베풀었다. 그렇게 승승장구할 것 같았지만 위기가 찾아오고 하루아침에 교회가 흩어져 버렸다. 목사가 교회를 잃으니 마치 광야의 나그네가 된 것 같았다. 평생 목회 하나를 위해 달려왔고 그것이 가장 가치 있고 의미 있는 일이라 믿었는데, 이제까지 배우고 경험한 것이 아무런 쓸모가 없는 광야의 인간이 된 느낌이었다. 목사에게 광야는 목회를 내려놓는 것이었다.

사실 모세에 비해 나는 아무것도 아니지만, 낮아짐은 삶을 포기하고 싶을 만큼 고통스러운 것이다. 왕궁에서 왕자로 살다가 하루아침에 광야에서 양을 치는 목자가 된다? 사실상 불가능한 일이다. 모세는 죽지 못해 살았을 것이고, 그나마 가족이 생겨 버틸 수 있었을 것이다. 이렇게 미디안 광야에서 인간으로서 견디기 어려운 낮아짐을 경험한 후 하나님께서 그를 부르신다.

"…모세야 모세야…"(출 3:4).

이후에 모세는 이스라엘 백성을 구원하고 나라를 세우며 하나님의 법을 이 땅에 정립시킨 최초의 인물이 되었다. 그렇더라도 그의 마음은 높아지지 않았다. 오히려 하나님께 온 지면에서 가장 온유한 자로 평가받는다. 모세의 모든 능력은 낮아짐의 경험에서 나왔기 때문이다.

"이 사람 모세는 온유함이 지면의 모든 사람보다 더하더라"(민 12:3).

아내는 미술을 전공했고 미술협회에 소속된 작가이기도 하다. 지금은 과테말라 미자립 교회와 학교에서 미술 전문 선교를 하고 있다. 아내의 그림에는 그녀만의 터치가 존재한다. 그래서 아무리 비슷하게 그린다고 해도 아내의 그림인지 아닌지 단번에 알 수 있다. 다 같은 붓놀림인 것 같지만 아내만의 시그니처가 있는 것이다.

우리 인생에서 하나님이 낮추시는 때는 예술가가 자기 작품에 터치로 혼을 불어넣는 일과 같다. 우리는 캔버스이고 하나님은 화가이시다. 하나님의 터치가 우리 삶에 담기면 우리는 하나님의 것이 된다. 아무리 화려한 작품이라고 해도 '그분'의 손때가 묻지 않으면 '그분' 것이 될 수 없다.

"너희 염려를 다 주께 맡기라 이는 그가 너희를 돌보심이라"(벧전 5:7).

오늘도 하나님께 내 삶을 맡기리라 다짐한다. 낮아짐의 시간은 고통스럽지만, 하나님의 터치로 하나님의 작품이 되도록!

제11화
선교 청소

집에서 큐티 모임을 할 때였다. 마루에 접이식 책상을 펴고 접이식 의자를 놓았다. 그래서 책상과 의자가 접혀 있는 평상시에는 마루가 항상 비어 있었다. 그때마다 오시는 분들이 한마디씩 했다.

"집이 왜 이렇게 휑해요? 어디 이사 가세요?"

하나님은 우리 가정에 선교의 마음을 주셨다. 그래서 하나님이 주신 마음을 실천하는 차원에서 우리 가정은 주기적으로 '선교 청소'를 한다. 몇 달에 한 번씩 집을 정리하는데, '다음 달에 우리는 선교하러 간다'라는 마음으로 짐을 정리하는 것이다. 그래서 우리 집에는 가구가 거의 없다.

집이 넓지도 않은데 텅 빈 느낌이 들고 목소리가 메아리치는 것은 큰 짐이 없기 때문이다. 곧 선교지로 떠날 것을 생각하니 식탁이나 매트리스처럼 꼭 필요한 것을 제외하고는 가구 들일 생각을 아예 안 한다. 불편한 점도 있지만 장점이 더 많다. 크게 애쓰지 않아도 삶이 간소화되고 소비가 줄어들기 때문이다. 물건을 집어들고 한 번 더 생각하게 된다. '정말 필요한 물건인가?' '대체할 방법은 없을까?' 여러 차례 생각하고 구매하니 과소비나 충동구매를 방지할 수 있다. 아내도 이러한 삶에 동의하였고 20년 넘게 선교 청소를 실천하고 있었다.

그러던 어느 날 정말로 선교를 가게 되었다. 신기하게도 우리가 이주하던 해는 고유가로 컨테이너를 비롯하여 국제 택배를 보내는 것도 거의 불가능한 상황이었다. 우리에게 허락된 것은 한 명당 이민 가방 두 개씩뿐이었다. 내가 살아온 삶을 거기에 다 담아야 하는 것이었다. 그때 확실하게 깨달았다. 선교사가 가방을 싸는 것은 '짐을 챙기는 것'이 아니라 '삶을 정리하는 것'임을.

내가 가진 물건을 주변 사람들에게 나누어 주고 버리기도 하고 팔기도 하였는데, 없는 살림이었음에도 짐이 좀처럼 줄어들지 않았다. '이거 보통 일이 아니구나….' 평소에 선교 청소를 그렇게 해왔는데도 쉽지 않았다. 대대로 물려받은 족보부터 시작하여 추억이 깃든 기념품, 친한 지인들에게서 받은 아기자기한 선물, 어린 시절 보물처럼 모아온 우표나 동전과 같은 수집품, 나의 역사를 증명해 주는 것 같은 앨범들, 편지와 일기장, 다이어리, 월급을 털어 샀던 성경 주석들까지….

누가 버려 주지 않는다면 내 손으로는 버리는 것이 도저히 불가능한 것들로 가득했다. 끊임없는 선교 청소를 통해 나름대로 누구보다 미니멀 라이프를 실천한다고 생각했는데, 막상 떠나려니 가방 100개로도 부족해 보였다. 하지만 결국은 내 손으로 다 버려야 했다. 소중한 물건들을 버리는 것은 마치 이 세상을 버리는 것처럼 느껴졌다. 하지만 하나님은 이 일을 내 손으로, 내 의지로 마치길 원하셨다. 마침내 짐들을 모두 정리하고 나니 이 모든 일이 하나님의 선물임을 알았다.

그때 문득 이런 생각이 들었다.
'내 호흡이 다하는 날, 하나님의 부르심을 받을 때, 과연 삶을 정리할 시간이 주어질까? 사람들은 내일 일을 알지 못한다. 대개가 삶을 정리하지 못하고 세상을 떠난다. 정리되지 못한 짐들은 내가 떠난 후 남은 가족들이 정리하게 된다. 지금의 나처럼 차근차근 종이 하나까지 살피며 삶을 정리할 시간을 허락받는 사람이 얼마나 될까?'

이렇게 삶을 정리해 보는 것이 얼마나 큰 복인가! 얼마나 큰 은혜이며, 감사인가!

삶을 정리해 보니, 평생을 보물처럼 끌어안고 살았던 물건들 대부분이 아무런 가치도 없는 욕심과 집착의 산물들이었다. 주님 부르시면 동전 한 닢도 가져갈 수 없는데 무엇을 그렇게 가지려 했는지, 채우려 했는지, 왜 그리 높아지는 데 마음이 팔린 채 살았는지를 회개했다. 또 앞으로 주어진 시간과 물질에 대해 어떤 자세로 살아야 할지 깊이 생각해 본다. 하나님께서는 선교를 떠나기 전에 내 안에 비워야 할 것들은 비우게 하셨고, 하나님으로 채워지게 하셨다.

이제 나는 선교사로 선교지에 살고 있으니 선교 청소는 끝났을까? 아니다. 나는 오늘 선교지에서도 선교 청소를 계속하고 있다. 이것이 그리스도인의 삶의 방식이니까!

"한 서기관이 나아와 예수께 아뢰되 선생님이여 어디로 가시든지 저는 따르리이다 예수께서 이르시되 여우도 굴이 있고 공중의 새도 거처가 있으되 인자는 머리 둘 곳이 없다 하시더라"(마 8:19-20).

제12화

돌 던질 만큼의 거리

생명이 유독 짧고 지독한 경쟁을 끊임없이 해야 하며 수동적인 운명을 가진 직업이 있다. 바로 방송인 같은 연예계 종사자이다. 이런 척박한 생태계에서 오랫동안 사랑받고 있는 기독교인 가수가 있다. 바로 양희은 씨이다.

"양희은 선생님, 좋은 관계를 유지하기 위한 인간과 인간 사이의 적당한 거리는 어느 정도일까요?"

"글쎄요, 저는 사람 사이는 바람이 통하는 거리가 필요하다고 봅니다."

양희은 씨의 말에 공감이 되면서 예수님께서 기도하시던 모습이 떠올랐다.

"예수께서 나가사 습관을 따라 감람산에 가시매 제자들도 따라 갔더니 그곳에 이르러 그들에게 이르시되 유혹에 빠지지 않게 기도하라 하시고 그들을 떠나 돌 던질 만큼 가서 무릎을 꿇고 기도하여"(눅 22:39-41).

예수님께서 십자가를 지시기 전에 제자들을 데리고 산으로 가셨다. 이전에도 예수님께서는 제자들을 데리고 기도하러 산으로 가신 적이 있다. 그때마다 예수님은 제자들에게 분명한 하나님의 뜻을 보여 주셨다.

세상을 등지고 목회자의 길을 가는 것은 예나 지금이나 쉬운 일이 아니다. 누가 설명해 주지 않아도 그 길이 가시밭 길이라는 것을 알기에 기도하게 된다. 대학 때부터 하나님께서 나를 목회자로 부르신다는 것을 알았지만 모든 것을 내려놓고 그 길을 가는 것은 쉽지 않았다. 마지막으로 기도원에 올라가 보름간 금식하며 기도하기로 하였다. 확실한 하나님의 뜻을 알기 위한 것도 있었지만, 혹 막판 뒤집기(?)로 다른 길을 보여 주시지 않을까 하는 실낱같은 기대도 있었다. 하지만 기대와는 반대로 하나님께서는 분명히 보여 주셨다.

> "…예수께서 이르시되 내 양을 먹이라 내가 진실로 진실로 네게 이르노니 네가 젊어서는 스스로 띠 띠고 원하는 곳으로 다녔거니와 늙어서는 네 팔을 벌리리니 남이 네게 띠 띠우고 원하지 아니하는 곳으로 데려가리라"(요 21:17-18).

나에게 주시는 하나님의 거부할 수 없는 음성이었다. 사실 내 속마음으로는 앞으로의 인생도 지금까지처럼 나 스스로 띠를 띠고 원하는 곳으로 다니고 싶었다. 한마디로 내 인생의 주권을 하나님께 내어드리고 싶지 않았던 것이다. 그러나 산으로 불러 기도하게 하신 하나님의 뜻은 분명했다.

"네 인생을 나에게 맡겨 보지 않겠니? 네가 원하는 멋지고 화려한 삶은 아니라도 내가 책임지는 후회 없는 삶이 될 거야."

예수님께서 우리를 삶의 자리에서 기도의 자리로 부르실 때는 분명한 목적이 있다. 예수님은 감람산으로 제자들을 데리고 가셨다. 무엇을 나타내기 위해 가셨을까? 말씀 안에 힌트가 있다.

"그들을 떠나 돌 던질 만큼 가서 무릎을 꿇고 기도하여"(눅 22:41).

예수님께서는 제자들과 돌 던질 만큼의 거리를 두고 기도하셨다. 이것은 어느 정도의 거리일까? 물리적으로는 3~4미터 정도일 것이다. 하지만 이 거리가 주는 의미가 무엇일까?

돌 던질 만큼의 거리는 그 사람의 표정과 기분, 온도를 느낄 수 있는 거리이다. 귀를 잘 기울이면 어떤 기도를 하고 있는지 들을 수 있는 거리이다. 또 누군가 고통스러워한다면 그것을 충분히 느낄 수 있는 거리, 특히 땀방울이 핏방울이 되어 떨어진다면 분명하게 알아차릴 수 있는 거리이다. 그와 더불어 각자가 방해받지 않고 기도할 수 있는 충분한 거리이기도 하다.

양희은 씨가 이야기했던 것처럼 사람과 사람 간에는 거리가 필요하다. 코로나 팬데믹 때 우리가 했던 일은 서로 간에 사회적 거리를 두는 것이었다. 우리는 사랑하는 사람들과도 강제로 거리를 유지해야 했다. 마음이 더 간절해져서 더 많이 기도했던 기억이 떠오른다. 또 일정한 거리를 두었을 때 우리는 이전에 보지 못했던 새로운 기도 제목들을 발견하기도 한다. 소외된 이웃이 더 가까이 보였다. 청년들의 좌절과 분노가 내 일같이 느껴졌다. 일 중독에서 벗어나 가족의 중요함을 피부로 느꼈다.

하나님과의 관계에도, 사람과의 관계에도, 심지어는 자기 자신과의 관계에도 거리가 필요하다. 한 걸음 물러섰을 때 영적인 거리는 더 가까워질 수 있다.

예수님은 기도를 가르쳐 주시기 위해, 또 기도하는 모습을 보여 주기 위해 우리를 기도의 자리로 인도하신다. 예수님은 제자들을 데리고 기도하러 가셨다. 그런데 제자들은 예수님과 함께 기도하지 못했다. 그들은 예수님이 기도하는 동안 잠들어 있었다. 더 놀라운 사실은 예수님께서 중간중간 그들을 깨워 주셨다는 것이다.

> "기도 후에 일어나 제자들에게 가서 슬픔으로 인하여 잠든 것을 보시고 이르시되 어찌하여 자느냐 시험에 들지 않게 일어나 기도하라 하시니라"(눅 22:45-46).

예수님이 깨워 주셨기에 제자들은 졸면서라도 예수님께서 밤

새워 기도하시는 모습을 볼 수 있었다. 이 일은 매우 중요한데, 예수님이 기도하는 모습을 본 제자와 보지 못한 제자 사이에는 엄청난 차이가 생기기 때문이다.

이 모습을 본 제자 베드로, 야고보, 요한은 훗날 예수 공동체를 재건하고 초대교회를 든든히 세웠다. 그들이 이전에 가지고 있었던 것들을 다 회복했을 뿐 아니라 그 이상의 은혜를 누렸다. 그런데 이러한 모습을 보지 못하고 전해 듣지도 못한 가룟 유다는 예수님을 팔았다는 죄책감에 빠져 목을 매고 만다. 모든 제자가 다 예수님을 배반하였다. 중요한 것은 예수님과의 관계를 다시 회복하느냐 회복하지 못하느냐인데, 이것이 바로 예수님이 기도하는 모습을 본 자와 보지 못한 자의 차이다.

또한 기도한 예수님과 기도하지 못한 제자들 사이에도 엄청난 차이가 발생한다. 기도하지 못하고 졸았던 제자들은 로마 병사들이 예수님을 체포하기 위해 나타났을 때 칼을 빼 들고 난리법석을 떨었다. 기도로 준비되어 있지 않은 상태에서 감당할 수 없는 일을 만나면 극단적인 행동을 하고, 그것도 안 되면 회피하고 도망가게 된다. 제자들은 이 두 가지의 모든 행동을 한다. 반면 기도로 이 상황을 준비했던 예수님은 어땠는가? 이 불법적인 상황, 이해할 수 없는 상황에서도 침착하셨다. 예수님은 기도를 통해 하나님의 때를 분명하게 분별하셨다.

사자처럼 포효해야 할 때가 있고, 도살장에 끌려가는 어린 양처럼 침묵해야 할 때가 있다. 우리의 삶에도 어둠이 득세하는 때가 있다. 때로는 사탄이 이기는 것처럼 보이는 때가 있다. 이때 그리스도인들은 기도해야 한다. 나라가 시끄럽고, 사회가 시끄럽고, 교회가 시끄럽고, 학교가 시끄럽고, 가정이 시끄러운 시절이다. 이런 상황에서 기도하지 않으면 제자들처럼 칼을 뽑아 들고 싸우겠다고 난리법석을 떨게 된다. 예수님께서는 그 칼을 도로 칼집에 집어넣으라고 말씀하신다.

우리는 '오늘'을 어떻게 살아 내야 하는가? 선교지에서도 불의한 일을 만난다. 아이들이 길거리로 내몰리고, 여성들은 수도 없이 버림받고 있다. 젊은이들은 일자리가 없어 방황하고, 노인들은 길에서 죽어간다. 정부는 부패했으며 사회는 구조적 악순환이 눈에 훤히 보인다. 개인적으로도 선교지에 와서 사기를 당하기도 하고 불이익도 참 많이 당했다.

그러나 이 모든 상황에서 목소리를 내고 싸워야 할 때도 있지만 잠잠히 기도해야 할 때도 있다. 바른말도 올바른 때 해야 의미가 있다. 정의를 수호하는 일도 때가 있다. 기도해야 할 때 칼을 뽑아 들면 그것은 정의가 아니라 자기 분노밖에 되지 않는다. 지는 것이 이기는 것일 때가 있다.

이때를 어떻게 분별해야 하는가? '돌 던질 만큼'의 거리를 두고 기도해야 분별할 수 있다. 우리 인생에는 기도해야만 보이는 일, 기도해야만 깨달을 수 있는 일, 기도해야만 해결할 수 있는 수많은 일이 펼쳐질 것이다.

> "나는 사랑하나 그들은 도리어 나를 대적하니 나는 기도할 뿐이라"(시 109:4).

제13화

낮아짐

성경을 읽다 보면 꼭 '나' 같은 사람이 있다. 그리고 그 안에서 '나의 이야기'를 발견하면 눈물을 멈출 수 없다. 낮아짐의 어두운 터널을 지나고 있을 때 가장 크게 나를 위로한 말씀이 그랬다.

사도 바울은 복음이 전 세계로 퍼지고 교회가 이방 지역에 세워지는 데 절대적인 영향을 끼친 사람이다. 그래서 일부 신학자들은 지금의 교회는 예수교가 아니라 바울교에 가깝다고 말할 정도이다. 하나님은 바울을 '이방의 빛'(행 13:47)으로 삼아 구원이 땅끝까지 이르도록 그를 사용하셨다. 그래서 그의 삶은 지금도 빛나고 있다. 그러나 그러한 바울이 있기까지 빼놓을 수 없는 사람이 있다. 그 사람은 바로 바나바이다.

바나바는 초대교회가 막 형성되어 갈 때 교회의 일원이 되었고 훗날 사도라고 칭함을 받게 된다. 한마디로 초대교회가 키운 최초의 인물이라고 볼 수 있다.

"두 사도 바나바와 바울이 듣고…"(행 14:14).

성경은 바나바가 구브로섬(지금의 사이프러스) 출신이라고 밝힌다. 구브로섬은 현재 튀르키예(옛 터키)와 그리스의 분쟁을 상징하는 소외된 지역이다. 예나 지금이나 세계적으로 관심을 받는 지역은 아니기에 출신이 좋다고 볼 수는 없다. 그의 원래 이름은 요셉이었으나 사도들이 그에게 '위로의 아들'이라는 뜻의 '바나바'라는 새 이름을 지어 주었다. 그는 초대교회에서 사도들에게나 성도들에게 큰 위로를 주었다.

그중 한 가지 사건이 사도행전 4장 말미에 기록되어 있다. 바나바가 자신이 가진 밭을 팔아 교회에 헌납한 일이다. 지금은 헌금이나 헌납에 대한 부정적인 이미지가 퍼져 있지만, 교회는 결국 누군가의 헌신으로 세워진다. 풀 한 포기, 나무 한 그루, 벽돌 한 장에도 누군가의 땀과 눈물이 배어 있는 것이다.

"바나바는 착한 사람이요 성령과 믿음이 충만한 사람이라…"(행 11:24).

바나바에 대한 하나님의 평가를 보면, 그의 헌신은 그가 직분이나 혜택을 바라보고 한 일이 아니었음을 알 수 있다. 직분이 탐나서 거짓으로 헌납한 아나니아와 삽비라의 이야기를 그의 이야기 뒤에 배치하여 그의 헌신이 더욱 진실한 것임을 성경은 이야기하고 있다. 한마디로 바나바는 초대교회의 확실한 신임과 존경과 사랑을 받는 인물이었다.

그런 그가 자신이 가진 영향력을 선한 곳에 사용한 사실이 한 사건을 통해 드러난다. 초대교회에서 바울을 받아 주도록 신원을 보증해 준 것이었다.

바울은 초대교회 지도자 중 하나인 스데반을 돌로 쳐서 죽이는 데 앞장선 인물로 예수 믿는 사람들을 잡으러 다니던 유대인 종교 경찰 같은 사람이었다. 한마디로 교회를 핍박하던 요주의 인물이었다. 그런데 그가 다메섹으로 가는 길에서 예수님을 만나 하루아침에 회심하는 사건이 발생한다. 그 뒤에 그는 열심히

'예수가 그리스도이다'라고 전하지만 그의 회심을 믿어 주는 사람은 드물었다. 어떻게 사람이 한순간에 변할 수 있겠는가? 초대교회 지도자들은 그를 이중첩자로 의심하였다. 이때 바나바가 자신의 위치와 명예를 걸고 사도들에게 그의 신원을 보증해 준 것이다.

별것 아니라고 생각할 수도 있지만, 하나님 나라의 관점에서 보면 이 일은 사도 바울의 모든 사역의 정체성을 보장해 준 위대한 사건이다. 훗날 사도 바울이 개척하는 모든 교회는 예루살렘 교회와의 연합을 통해서만 하나님 나라의 우주적 교회의 확장을 가져올 수 있었다. 연합하지 못하면 이단이 되기 쉽고 충돌이 일어날 수 있다. 바나바는 하나님의 사람 바울의 진실성을 알아본 유일한 사람이었다. 그는 하나님께서 자신에게 주신 위치와 직분을 어떻게 사용해야 하는지를 잘 알았다.

"하나님이 나에게 왜 이 자리를 허락하셨는가? 하나님이 왜 이러한 물질을 나에게 맡기셨는가?"

그가 가진 물질과 지위와 환경은 주변에 있는 하나님의 사람을 세우고 도우라고 주신 것이었다.

나에게도 이런 기회가 있었다. 미국 유학 시절, 우리 가정은 정말 가난했다. 미국이 세계 최고의 부자 나라라고들 하지만, 그곳에서 나의 삶은 전혀 달랐다. 첫째 딸 주화가 두 살 때였다. 우리 세 식구는 종이상자를 뒤집어 식탁으로 삼고, 밥솥도 없어서 코펠에 밥을 해 먹었다. 1, 2달러를 아끼며 살았다. 그렇게 재정이 없었지만 수시로 함께 공부하는 전도사님들을 집으로 불러 점심을 먹였다. 너무 먹을 것이 없을 때는 라면이나 누룽지라도 대접했다.

그 가운데 볼리비아에서 온 넬슨이라는 교환학생이 있었다. 가난하지만 하나님을 사랑하고 복음에 대한 열정을 가진 청년이었다. 하루는 큐티를 나누다가 그의 학비가 부족하다는 사실을 알게 되었다. 마음이 뜨거웠다. 나도 학생이지만 또 다른 하나님의 사람을 도와야겠다는 생각에 잠을 이루지 못했다. 너무 어려운 형편이라 많은 도움을 주지는 못해도 하나님이 나에게 주신 마음을 온전히 따르고 싶었다. 그때부터 아이의 간식비를 아끼며 악착같이 돈을 모았다. 그렇게 하여 넬슨이 볼리비아로 떠나기 하루 전, 한 학기 신학교 학비를 지원할 수 있었다.

나만 누군가를 도운 것이 아니다. 나 또한 수없이 많은 사람에게 예측할 수 없는 방법으로 많은 도움을 받았다. 지금 이 순간까지 사역자로 살 수 있는 것은 이렇게 하나님의 사람을 향한 누군가의 도움과 헌신 때문이다.

바울은 바나바 덕분에 날개를 달았다. 뒤에 초대교회가 주위를 둘러싸고 있었기 때문에 더는 두려워할 것이 없었다. 바울은 유대교의 심장인 예루살렘에서 복음을 전파했다. 디아스포라 회당의 지도자급 인물이었기 때문에 예루살렘에서는 많은 인기를 끌었다. 그러나 유대인들은 바울을 적대하기 시작했고 결국 그를 죽이기로 결정했다. 초대교회는 그를 잃을 수 없었기에 그의 고향인 다소로 피신시켰다. 바울의 실제 낮아짐은 여기서부터 시작되었다.

"형제들이 알고 가이사랴로 데리고 내려가서 다소로 보내니라"

(행 9:30).

고향 다소에서 그는 촉망받는 청년이었다. 길리기아 다소는 당시 국제 무역도시이자 교육도시였다. 구브로섬과 같은 시시한 곳이 아니었다. 그는 국제 대도시 출신이었기 때문에 2~3개의 언어를 유창하게 구사했다. 또한 성경에 따르면 바울은 가말리엘 문하에서 공부했다. 현대적인 용어로 설명하면 최고의 명문 대학을 나온 것이다. 엄격한 율법을 따르는 전통적인 명문 가문 출신이었으며, 로마 시민권도 갖고 있었다. 예루살렘으로 올라와서는 디아스포라 회당의 주요 인물이 되었다. 바울은 부모의 자랑을 뛰어넘어 고향을 빛낼 '다소가 낳은 세계적 인물'이 되기 일보 직전이었다.

그러나 바울이 고향으로 돌아온 모습은 어떠했는가? 모두 금의환향할 것이라 기대했던 그가 듣도 보도 못한 예수교 이단에 빠져 자신의 명예, 지위, 재산을 전부 포기하고 도망자 신세가 되어 고향으로 돌아온 것이었다. 그는 가문의 영광이 아니라 예수를 믿어 가문에 수치가 되는 존재가 되었다.

바울의 모습이 마치 내 모습처럼 보였다. 교회 목회를 내려놓고 우울증과 공황장애, 빚에 허덕이는 중에 가정에 또 다른 위기가 닥쳤다. 전세 계약이 만기가 되어 이사해야 했는데, 그즈음 부동산 법이 변경되고 전세 시장이 폭등했다. 경기도권에서도 몇 개월 사이에 집값이 어마어마하게 상승했고 전세 아파트를 구하기가 어려웠다. 우리 가족은 길거리에 나앉게 되었다. 목회의 실패가 이러한 결과를 가져왔다는 생각에 가슴이 아팠고, 책임감으로 밤마다 잠을 설쳤다. 건축 중인 교회들을 보면 축복해야 함에도 우울증과 공황 증세가 더 심해졌다. 기도해도 마음이 평온하지 않았다.

그때 함께 교회를 개척했던 친구가 나를 찾았다. 부동산 관련 일을 하는 친구였는데, 문제를 이야기하자 일정한 소득이 없다면 해결책이 없다면서 직접 일자리를 찾아 주겠다고 약속했다. 그리고 며칠 후에 연락이 왔다. 회사를 상속받은 친구의 아버지가 나를 일자리에 참여하도록 권유했다. 우리는 같은 고등학교 출신이기 때문에 서로를 알고 있었다. 회사에서 일할 수 있도록 도와주겠다는 친구의 성의에 감사했다. 이에 궁금증을 안고 면접에 참석했다. 그러나 내가 제안받은 일은 최저 임금을 받는 생산 라인 업무였다.

그때야 나는 낮아진 나의 자리를 확인하였다. 내 지난 인생은 목회라는 한 길을 달려온 인생이었다. 하나님이 주신 비전을 위해 유학을 다녀오고, 크고 작은 교회에서 목회하며 많은 경험을 쌓았다. 그 외에도 신학연구소와 선교단체, 기독교 학교 등에서 일하며 교회 밖의 기관 사역에도 깊이 헌신하였다. 그리고 최종적으로 교회를 개척하여 온 마음과 열정을 다해 목회하였다. 그런데 결과적으로 지금 나의 자리는 인생의 가장 밑바닥이었다.

이때 창피하고 수치스럽다는 것이 무엇인지 알게 되었다. 나는 초·중·고등학교를 여의도에서 다녔다. 여의도는 서울 한복판에 있지만 섬이기 때문에 사회 공동체가 작은 편이었다. 한 다리 건너면 다 아는 분들이고, 길에서 마주치는 어른들은 다 어머니 친구분이시거나 아버지 지인분들이었다. 그런데 부모님도 사업의 실패로 고향을 떠난 마당에, 집안을 일으켜 세워도 모자란 외아들인 내가 대를 이어 실패한 것이다. 고향에 소문이 돌 것을 생각하니 그 비참함은 이루 말할 수가 없었다.

'고향으로 간 바울의 심정이 이랬겠구나…아니, 나보다 10배, 100배 더 힘들었겠구나…다소에서 하루하루가 얼마나 힘들었을까…' 사실 객관적으로는 바울의 인생은 거기서 끝난 것처럼 보인다. 바울의 세상 이력은 화려했으나 교회 측면에서 보면 '아무것도 아닌 사람'이었다. 바울이 예수님의 제자였는가? 아니다. 초대교회를 세운 공로가 있는가? 전혀 없다. 사도들의 전도를 받은 사람이었는가? 아니다. 바나바 같은 헌신자였는가? 더더욱 아니다! 바울은 기독교계에서는 혈연, 지연, 학연이 전혀 없는 사람이었다. 그저 길에서 예수님을 만나 회심하여 몇 명에게 전도하다가 유대인들에게 표적이 되어 축출된 그야말로 아무것도 아닌 사람이었다. 그를 기억해 줄 만한 사람은 없었다. 그는 완전히 잊힌 사람이 되었다.

바울이 얼마 동안 고향에 있었는지 성경에 정확하게 나오진 않지만, 신학자들은 보통 10년 이상으로 본다. 고향에서의 바울의 모습을 생각하면 가슴이 터져 버릴 것 같았다. 바울은 고향에서 아무것도 하지 못했다. 교회를 개척한 것도 아니고, 전도해서 제자를 만든 것도 아니다. 성경에는 물론이고 교회 전승에도 그가 다소에서 한 일이 나오지 않는다. 그는 고향에서 생명만 유지하고 있었다. 다혈질에 한번 한다면 하는 고집, 추진력, 실력 모두를 갖춘 바울이 그의 조그마한 집(현재 튀르키예 다소에 그의 생가가 있다)에서 10년 이상을 숨어지내던 하루하루 삶의 고통이 나에게 고스란히 전해졌다.

'제 인생은 끝났습니다. 차라리 죽여 주세요!'

바울의 낮아짐은 죽음 같은 고통이었다.

그렇게 아무 소망도 없던 어느 날, 바나바가 그를 찾아왔다! 멀리서 바나바를 보자마자 바울의 눈에서는 한없는 눈물이 흘러내렸을 것이다.

"바울아! 오래 기다렸지? 이제 우리 안디옥에 가서 함께 교회를 세우자!"

> "바나바는 착한 사람이요 성령과 믿음이 충만한 사람이라 이에 큰 무리가 주께 더하여지더라 바나바가 사울을 찾으러 다소에 가서 만나매 안디옥에 데리고 와서 둘이 교회에 일 년간 모여 있어 큰 무리를 가르쳤고…"(행 11:24-26).

사실 바나바는 안디옥 교회에 부임하면서부터 바울을 생각했다. 하지만 교회를 부흥시키기 위해 바울을 데리러 온 것이 아니다. 바울이 유능하고 열정적이니 그의 능력을 써먹으려고 부른 것도 아니다. 바울을 부르기 전에 이미 교회를 부흥시켜 놓았다. 바나바 한 명만으로도 목회하기에 부족함이 없었다. 하지만 바로 그때 바나바는 바울을 찾아갔다. 왜? 바울을 다시 한번 세워 주기 위해! 어떻게? 자기 자리를 나눔으로!

이 세상에 누가 자기가 애써서 얻은 자리를 나누겠는가? 자기가 얻은 기회와 열매를 대가 없이 나누려 하겠는가? 학연, 지연, 혈연 같은 것을 떠나 하나님만 보고 사람을 키우는 사람을 본 적 있는가? 이 세상에서는 본 적이 없을지 몰라도 성경에는 그런 사람이 있다. 바로 이 바나바이다. 바나바 없이 바울은 없었다. 하나님 나라에서는 조연이 주연보다 더 빛난다.

바나바는 하나님이 왜 자신에게 지금의 자리와 기회를 주셨는지 정확하게 아는 사람이었다. 그는 정말 순수하게 하나님의 나라와 의를 세워 갔다. 바나바의 헌신에 하나님께서는 응답해 주셨다.

"…제자들이 안디옥에서 비로소 그리스도인이라 일컬음을 받게 되었더라"(행 11:26).

'비로소'는 어떤 의미인가? '드디어 하나님이 원하시는 교회의 모습이 되었다'라는 것이다. 세상에 양적으로 성장하는 교회는 많다. 하지만 '비로소' 하나님이 원하는 질적인 성장을 이루는 교회는 극히 드물다.

나는 바나바의 이 모습에 너무도 많이 울었다.

"하나님, 저는 정말 바나바 같은 목사가 되고 싶습니다. 이 세상에 그런 경우가 없어도 하나님 나라만 바라보고 바나바와 같이 하나님의 사람을 세우는 사람이 되고 싶습니다. 저를 다시 한 번 불러 일으켜 세워 주십시오."

바나바를 통해 무너져 버린 바울을 부르시는 하나님의 '두 번째 부르심'은 낮아진 모든 사람에게 주시는 하나님의 소망이다. 하나님은 낮아짐 후에 두 번째 부르심을 주신다. 모세도 떨기나무에서 두 번의 음성으로 부르셨다. "모세야, 모세야!" 야곱도 얍복 강가에서 낮추시고 '이스라엘'로 부르셨다. 바울도 다소에서 낮아짐을 경험하게 하신 후 바나바를 통해 부르셨다.

그로부터 얼마 후 하나님은 우리 가정을 선교사로 부르셨다.

제14화
낮아졌을 때 주시는 은혜

나는 성인이 된 후 예수님을 믿고 그분을 인격적으로 만났기 때문에 예수를 믿기 전과 후의 기억이 비교적 분명히 남아 있다.

처음 예수님을 믿고 바뀐 변화 중 하나는 교회와 목사님들에 대한 감사였다. 고등학생 때 나는 반교회, 반기독교적 인간이었다. 도시에 십자가가 많은 것이 불만이었고, 목사들이 사기꾼처럼 느껴졌다. 친구 중에도 목사 아들이라면 이유 없이 싫었다. 하지만 예수님을 믿고 나타난 가장 큰 변화는, 큰 교회든 작은 교회든 할 것 없이 교회가 너무 감사하게 느껴진다는 것이다. 상가 지하에 있는 작은 개척 교회라도 너무나 귀하게 생각되었고, 삶을 헌신한 목사님들이 위대하다고 생각했다. 길을 가다 상가 교회가 보이면 축복하며 기도했다.

"저 교회를 통해 많은 영혼이 하나님께로 돌아오게 해주세요."

나는 모든 믿는 사람이 그렇게 사는 줄 알았다.

그런데 신학교에 진학하고 교회 사역에 깊이 들어가면서부터 성도가 성도를 욕하고 교회가 교회를 시기한다는 것을 알게 되었다. 교회 시스템에 깊숙이 들어가 보니 목숨을 건 생존 경쟁이 치열했다. 북한 저리 가라 할 정도의 사상 검증과 첩보 시스템을 갖춘 교회도 보았다. 하지만 모든 평가는 양적 부흥으로 점철되었다. 교회가 성장하는 것은 목회자에게서 사느냐, 죽느냐의 문제이다. 특히 교회를 개척한 목회자에게 몇 년 안에 자립할 수 있는 교회로 부흥하느냐 주저앉느냐는, 평생 목회자로 살 수 있느냐 없느냐 하는 일생이 걸린 문제이다.

내가 가장 사랑하던 사람들과 개척하고 나와 내 가족의 생명을 갈아 넣은 교회를 내려놓게 되었다. 한마디로 그 생존을 위한 '부흥'에 실패한 것이다. 교회가 사라졌으니 바른 목회, 복음적 말씀에 대한 평가는 받아볼 수조차 없게 되었다.

교회를 내려놓고 세상일을 할 때 버스를 타고 다녔다. 그 버스 노선은 내가 사는 동네와 우리 교회가 있던 동네 주변을 돌아 서울로 갔다. 버스를 타고 우리 교회가 있던 곳 주변을 지나가다 건축하고 있는 이웃 교회를 보았다. 너무나 좋은 입지에 예배당이 아름답게 올라가고 있었다. 나는 예수님을 처음 믿었을 때처럼 교회와 목사님을 축복해 주고 싶었다.

그런데 입 밖으로 아무런 말도 나오지 않았다. 마음속 깊은 곳에서 불편한 마음과 억울한 마음이 올라왔다. 목사로서 이웃 교회의 성장에 불편함을 느끼는 내 모습에 당황했고, 그런 내가 미성숙하게 느껴졌다. 축복하지는 못할망정 시기하고 질투한다면 그건 아니라는 생각이 들었다. 그래서 버스 안에서 집중하여 기도했다. 그러나 불편한 마음은 가시지를 않았다.

'내가 실패해서 그런가? 시기, 질투의 마음인가? 현재 내 처지의 비관인가? 나에 대한 실망인가?'

다른 교회, 다른 목회자가 잘되는 것을 온전히 기쁘게 생각할 수가 없었다.

그 교회만이 아니었다. 좋은 입지에 번듯하게 지어지는 교회를 보는 것이 고통스럽고 마음이 불편했다. 더 나아가 다른 사람의 간증을 들어도 은혜가 되지도, 기쁘지도 않았다.

그런데 이러한 현상을 나만 겪는 것이 아니었다. 낮아짐의 과정에 있는 많은 이들이 비슷한 것을 느끼고 경험하고 있었다.

"목사님, 남의 간증을 들으면 화가 나고 시기심이 생겨요."

심지어 이런 말을 하는 목사님도 있었다.

"간증은 말씀을 왜곡하는 영적인 자랑입니다. 간증하던 사람들이 지금도 잘되고 있는지 확인해 봐야 합니다."

나는 이 문제를 반드시 영적으로 풀어야 한다고 생각했다. 이 마음이 사탄에게서 온 것은 아니었다. 그렇다고 하나님께서 기뻐하시는 마음도 아니었다. 문제는 내 안에 있었다.

'영적인 열등감인가? 나도 교회가 부흥되고, 더 크고 아름다운 예배당을 지으면 극복되는 것인가?'

아니었다. 나중에 알게 된 사실이지만, 이것은 낮아짐에 대한, 세상과 하나님 나라를 바라보는 관점에 대한 일종의 훈련이었다. 하나님께서 이 일에 대한 확실한 말씀을 주셨다. 누가복음 8장의 회당장 야이로와 혈루병 여인의 간증 이야기였다.

당시 최고의 권력자였던 회당장의 열두 살 난 외동딸이 죽게 되었다. 회당장은 체면, 명예, 자리를 내려놓고 예수님께 딸을 고쳐 주시기를 부탁했다. 예수님은 고쳐 주겠다고 약속하시고 함께 그의 집으로 향했다. 그런데 가는 길에 12년 동안 혈루병을 앓던 여인이 예수님의 옷자락에 손을 대 병이 낫는 사건이 발생했다. 예수님은 모든 사람 앞에 그녀를 세워 간증하게 하셨다. 그렇게 시간이 지체되는 사이 회당장의 딸이 죽고 말았다.

> "아직 말씀하실 때에 회당장의 집에서 사람이 와서 말하되 당신의 딸이 죽었나이다 선생님을 더 괴롭게 하지 마소서 하거늘"(눅 8:49).

회당장 야이로는 딸이 죽었다는 말을 듣고 절망에 빠졌다. 예수님이 병을 고친 기적을 많이 보았고 자기 딸을 고쳐 주겠다는 약속도 예수님께 받았지만, 딸이 기다리다 죽어 버렸다는 사실은 너무나 충격적이었다. 그는 스스로에게 질문을 던졌다.

'다른 사람들의 간증이나 치유가 무슨 의미가 있을까? 왜 내 딸은 죽어야만 했을까?'

두려움과 절망의 목소리가 그의 마음을 휩쓸고 있었다. 하지만 그때 예수님이 말씀하셨다.

"네 두려움에 굴복하지 말고 믿음만 가지고 있어. 그러면 딸이 구원을 얻을 거야."

이 말씀은 회당장 야이로를 향한 하나님의 응원이자 격려이다! 예수님과 함께 믿음의 길을 걷다가 어려움을 만났을 때, 세상과 내면에서 들리는 소리에 두려워하지 말라는 우리를 향한 하나님의 음성이다.

내면의 소리를 듣고 따라가면 절망에 빠지고 죽음에 이르게 된다. 그러나 회당장 야이로를 향한 예수님의 응원가를 나를 향한 하나님의 응원가로 듣는다면 변화가 시작된다.

이 사실은 혈루병을 앓던 여인의 치유와 간증이 '나를 위해 준비한 하나님의 선물'임을 알려 준다. 48절에서 예수님은 혈루병 여인을 '딸'이라고 부르셨다.

> "예수께서 이르시되 딸아 네 믿음이 너를 구원하였으니 평안히 가라 하시더라"(눅 8:48).

예수님은 단 한 번도, 어떤 여인에게도 '딸'이라고 부르신 적이 없다. 혈루병 걸린 여인은 12년 동안 병을 앓아 왔다. 회당장 딸은 열두 살이었다. 예수님이 일부러 이 여인을 '딸'이라고 부른 것은 회당장이 들도록 배려하신 것이다. 다시 말해, 예수님의 말씀은 12년 동안 고통받은 이 여인이 '믿음'으로 구원을 받은 것처럼 야이로도 '믿기'만 하면 열두 살 된 그의 딸 역시 구원받는다는 것이다.

간증은 하나님의 백성들이 내면의 소리에 끌려가지 않도록, 두려움에 잠들지 않도록 하나님이 보내 주시는 응원이다. 간증은 간증자가 아니라 그것을 듣는 사람을 위한 하나님의 소리이다.

야이로가 후에 어떻게 되었는가? 그는 딸의 '부활'을 보았다. 예수님이 부활하셨다는 말을 처음 들었을 때 제자들은 믿지 않았다. 도마는 직접 예수님의 손바닥과 옆구리를 확인해야겠다며 믿음을 거부했다. 하지만 야이로는 어땠을까? 그의 미소가 눈에 보인다.

나는 다시 처음 믿음을 갖게 된 때처럼 개척 교회들을 위해 기도한다. 교회도 사역지도 없이 돈 벌러 다니는 목사님들이라도 자신의 삶을 하나님께 헌신한 모든 목회자를 존경하고 사랑한다. 오늘도 누군가의 간증을 하나님의 응원가로 들으며 내 안의 두려움을 물리친다. 간증에 감사한다. 그리고 새 힘을 얻는다. 할렐루야!

"그 아이의 손을 잡고 이르시되 달리다굼 하시니 번역하면 곧 내가 네게 말하노니 소녀야 일어나라 하심이라"(막 5:41).

제15화
낮아져야 생기는 지혜

신학대학원 시절 명문 대학 철학과 출신의 동기생이 있었다. 머리가 무척 좋고 학문적으로 뛰어난 친구였다. 그런데 조직신학을 배우던 중 이 친구가 이런 고백을 했다.

"철학을 공부할 때는 철학이 가장 어려운 학문이라고 생각했는데, 신학에 비하면 철학은 아무것도 아니었네요."

철학을 비하하거나 신학의 우수성을 말하려는 것이 아니다. 신학을 공부한다는 것은 다른 학문을 공부하는 것과는 완전히 다른 차원이다. 신학은 '결국 다 알 수 없는 것'을 연구해야 하기 때문이다.

한 예로 조직신학의 가장 중요한 부분 중 하나가 삼위일체론이다. 그런데 삼위일체 담론에 이렇게 쓰여 있었다.

"삼위일체는 논리적인 이해의 문제가 아니라 믿음의 문제이다. 이 세 개의 위격은 섞이지 않고, 변화하지 않고, 서로 분리되지 않는다. 성부는 하나님이시고, 성자도 하나님이시고, 성령도 하나님이시다. 하지만 성부는 성자가 아니고, 성자는 성령이 아니며, 성령은 성부가 아니다. 그러므로 세 분 하나님이 아니라 한 분 하나님이 계실 뿐이다."

삼위일체론은 지구상의 어떠한 물질로도, 이론으로도, 상상으로도 설명할 수 없는 영역에 있다. 신학자들이 1,700년이 넘는 연구와 논쟁을 통해 얻은 결론이 있다. 그것을 조직신학 수업 마지막 시간에 들을 수 있었다.

"삼위일체론의 결론은 하나님의 신비이다."

아…이 얼마나 학문적으로 허무한 결론인가! 결국 삼위일체는 인간이 다 알 수 없는 하나님의 비밀이라는 것이다. 나중에 안 사실이지만, 대부분의 신학적인 연구가 이렇다. 눈에 보이지 않고 증명할 수 없는 것을 설명해야 하기 때문이다.

하지만 나는 이상하게도 이 신학적인 결론이 큰 은혜로 다가왔다. 그 결론이 나에게는 '신앙의 고백'처럼 들렸기 때문이다. '인간은 하나님을 다 알 수 없다'라는 이 고백이야말로 인간이 학문으로 얻을 수 있는 가장 지혜롭고 겸손한 답이 아니겠는가!

하나님 앞에 낮아지는 것이 지혜의 근본이다.

"주 앞에서 낮추라 그리하면 주께서 너희를 높이시리라"(약 4:10).

그래서 바울도 이렇게 고백했다.

"우리가 지금은 거울로 보는 것같이 희미하나 그때에는 얼굴과 얼굴을 대하여 볼 것이요 지금은 내가 부분적으로 아나 그때에는 주께서 나를 아신 것같이 내가 온전히 알리라"(고전 13:12).

나도 오늘, 새롭게 고백해 본다.

"하나님의 뜻을 저는 다 알 수 없습니다. 이해할 수 없는 일이 너무도 많습니다. 하지만 그래서 저는 더욱 하나님을 인정합니다."

제16화

이 땅을 위해 울라

모든 일에는 때가 있다. 이것은 진리이다.

"범사에 기한이 있고 천하 만사가 다 때가 있나니"(전 3:1).

하지만 우리가 생각하는 때와 하나님의 때는 다를 때가 너무나도 많다. "하나님, 지금입니다. 악인들을 심판할 절호의 때입니다. 하나님의 살아 계심을 나타내서서 과연 선한 사람들이 옳았다는 것을 증명해 주세요!" 하지만 하나님은 침묵하신다. 그 결과 악인들은 말한다. "거봐! 아무 일도 안 일어나잖아! 우리가 잘못한 게 아니네." 하나님이 제때 일해 주시지 않아서 악이 더

기고만장하여 하나님의 사람들은 더 큰 핍박을 받는 일을 자주 본다. 아…하나님은 언제쯤이나 하나님의 살아 계심을 나타내 주실까?

성경에 이런 마음을 토로한 사람이 많다.

> "나는 거의 넘어질 뻔하였고 나의 걸음이 미끄러질 뻔하였으니 이는 내가 악인의 형통함을 보고 오만한 자를 질투하였음이로다"(시 73:2-3).

시편 기자도 이 시험으로 넘어질 뻔하였다.

> "큰 소리로 불러 이르되 거룩하고 참되신 대주재여 땅에 거하는 자들을 심판하여 우리 피를 갚아 주지 아니하시기를 어느 때까지 하시려 하나이까 하니"(계 6:10).

심지어 죽임을 당한 사람들조차 하나님의 때를 기다리고 있다. 한마디로 하나님의 때는 사람이 생각하는 때와 다를 수 있다는 것이다.

우리 가정은 중남미 선교사로 오기 약 13년 전에 선교사로 나가기 위한 모든 선교 훈련을 마쳤다. SEED 선교회의 파송 전 마지막 훈련은 캐나다에 있는 ICMS 선교사 학교에서 가족 모두가 40일간 합숙 훈련을 받는 것이었다. 적지 않은 선교 훈련 비용이 필요했다. 미국 생활을 정리하며 타던 차를 팔고 모든 돈을 긁어 모아 은혜롭게 선교 훈련을 마쳤다.

우리는 바로 선교지로 갈 것을 기대하며 건강 검진을 위해 잠시 한국을 방문하였다. 그런데 이때 아내의 갑상샘암이 발견되었다. 미국에서 신학 공부를 하는 남편 뒤치다꺼리를 하며 부교역자 사모로 사는 일은 매우 힘들고 스트레스도 이만저만이 아니었을 것이다. 결국 선교에 대한 계획은 무산되고 한국교회에서 또다시 부교역자의 삶이 시작되었다. 그렇게 13년의 세월이 흘러서야 선교사로 선교 현장에 나올 수 있었다.

13년 전 처음 선교사로 가려고 했을 때와 많은 것이 달라졌다. 그때는 30대였지만 지금은 40대가 되었다. 아이도 둘에서 셋으로 늘어났다. 목회와 사역에 노련해지긴 했지만 열정과 돌파력은 그때에 못 미친다. 새로운 언어를 배우는 것도 30대와 40대는 완전히 다르다. 아이들도 더 어릴 때 선교지로 오는 것이 낫다. 이왕 선교사로 부르실 것이라면 더 젊은 나이에 선교지로 오면 좋지 않았을까?

하지만 선교지에 와보니 이때가 하나님의 때임을 확신하게 된다. 나는 늦었다고 생각했지만 현지 선교사 세계에서는 내가 막내뻘이다. 과테말라뿐 아니라 현재 선교지에 나와 있는 한인 선교사들의 평균 나이가 50~60대이다. 이제는 젊은 사람들이 선교사로 지원하지 않는다. 선교사로 나오고 싶은 사역자들도 있겠으나 한국교회의 선교에 대한 열정과 재정이 이전만 못 하다. 선교사 지원자도 드물지만, 선교사를 파송하는 교회를 찾기도 하늘의 별 따기이다.

게다가 지금은 전 세계의 선교의 문이 닫히고 있다. 세계화 현상으로 2000년대 초반까지만 해도 대부분의 나라를 자유롭게 드나들며 선교할 수 있었다. 하지만 이제는 분위기가 다르다. 자국우선주의와 반세계화로 선교의 문이 닫히고 있다. 중국은 물론이고 튀르키예나 중앙아시아의 여러 나라에서 선교사들이 추방되고, 체류 자격도 까다로워지고 있다. 그에 반해 중남미는 아직 추수의 때라고 할 수 있다. 물론 이마저도 언제 닫힐지는 알 수 없다. 다만 우리는 하나님의 때에 맞춰 추수의 때라면 추수하며 그

기쁨을 누리면 되는 것이다.

　하나님은 내 의지가 가장 강할 때, 힘이 넘칠 때, 헌신할 준비가 되었다고 느낄 때가 아니라, 낮아져서 다 내려놓고 싶을 때, 의지와 열정이 꺾였을 때, 내 힘으로는 아무것도 할 수 없을 때, 건강도 약해진 바로 그때 부르신다. 그러고는 그때가 하나님의 때라고 말씀하신다.
　"하나님, 너무 늦은 것 아닌가요? 저는 이제 아무 능력도 없습니다. 제가 할 수 있는 일이 없습니다."
　그러면 하나님은 말씀하신다.
　"나의 백성을 위해 흘릴 눈물만 있다면 그 누구도 늦지 않았다. 이 땅을 위해 울라!"
　늦지 않았다. 하나님의 때는 지금도 열려 있기 때문이다.

　　"…나를 위하여 울지 말고 너희와 너희 자녀를 위하여 울라"(눅 23:28).

제17화
가족의 피를 갈아 넣어야 하는 일

하나님은 나를 낮추어 기쁨과 감사의 마음으로 선교지로 오게 하셨다. 낮아짐이 능력이 됨을 친히 보여 주신 일이었다. 그러면 이제 낮아짐은 끝난 것인가? 그렇지 않다. 또 다른 차원의 낮아짐이 우리를 기다리고 있었다. 그것은 바로 자녀 문제였다.

선교를 오기 전 첫째 딸 주화, 둘째 딸 주빌리, 막내딸 요벨에게 물었다.

"중남미 과테말라로 선교를 가려고 해. 잠깐 다녀오는 것이 아니고 너희는 거기서 학교 다니며 오랜 시간, 아니 평생 있어야 할지도 몰라. 너희 중 한 명이라도 가기 싫다거나 확신이 없다면 다시 생각해 볼 거야. 가족이 모두 함께해야 하는 일이라면 하나님께서 같은 마음을 주실 거야. 기도해 봐."

그때가 큰딸 주화가 막 중학교 2학년이 되던 해였다. 사춘기이고 친구들과도 헤어져야 해 고민이 많았을 텐데, 하루 만에 결단을 내렸다.

"아빠! 가려면 빨리 가는 게 좋겠어!"

그렇다. 고민하고 계산할수록 결단은 더 힘들어질 테니까.

둘째 주빌리는 초등학교 6학년이었다.

"지난 겨울 튀르키예 선교처럼 기대되는데!"

당시는 과테말라로 오기 전 한 달간 가족 선교로 튀르키예를 다녀온 후였다. 그것이 좋은 기억으로 남아 마음을 다잡는 데 큰 도움이 된 모양이다. 하나님의 계획이 적중하였다.

막내 요벨은 3학년이었다.

"나는 엄마 아빠가 가는 곳이면 어디든 좋아."

막내의 말에 이 찬송가가 생각났다. '내 영혼이 은총 입어 중한 죄 짐 벗고 보니…주 예수와 동행하니 그 어디나 하늘나라!' 아이에겐 부모가 있는 곳이 천국인 것같이, 예수님이 과테말라에 계신다면 그곳 또한 천국일 터이다.

아내는 동의했을까? 사실 과테말라에 선교사가 필요하다는 소식을 먼저 들은 것은 아내이다. 아내는 우울증과 공황장애로 아무 의욕이 없던 나에게 어느 날 조심스레 물었다.

"과테말라에 갈래?"

아내는 기도를 많이 한 후 말했다. 그때의 나는 교회, 사역, 선교 등의 이야기를 하면 화를 버럭 냈기 때문이다. 우울증과 공황장애로 그런 단어들만 들어도 숨이 막혔다. 그런데 그날은 마음이 달랐다.

"과테말라? 어디 있는 나라이지? 기도해 봐야겠는데?"

희한하게도 마음이 달랐다. 아내가 과테말라의 소식을 먼저 듣고 기도 후 나에게도 전한 것이니, 엄밀히 말하면 아내가 먼저 선교사로 헌신한 것이었다. 모두의 마음을 확인한 후 말했다.

"그래, 우리 가족 모두에게 한마음을 주셨으니, 이건 하나님이 뜻하시고 인도하시는 일임을 믿는다. 모두 감사의 기도를 드리자! 아, 그리고 한 가지 더! 절대 유튜브나 인터넷으로 과테말라 뉴스나 그곳 상황에 대해선 듣지 말자."

당시 '과테말라'를 검색하면 좋은 뉴스가 단 하나도 없었다. 화산 폭발, 싱크홀 등 자연재해로 사망자가 발생하고 치안이 불안하여 살인, 강도 등 강력 범죄가 끊이지 않는 곳, 절대로 여행하면 안 되는 나라로 소개되었기 때문이다. 지금도 과테말라는 대한민국 외교부가 지정한 '여행 자제' 지역이다. 어느 나라든 단점이 있으면 장점도 있기 마련이다. 하지만 과테말라는 장점을 찾아보기 어려운 나라였다. 지금도 한국에서 과테말라로 들어갈 때는 가져갈 것이 많지만, 과테말라에서 나올 때는 빈손으로 나온다. 뭔가 가져올 만한 좋은 것이 거의 없기 때문이다.

하지만 요벨의 고백처럼 선교는 살 만한 곳에 가는 것이 아니라 예수님이 함께하시는 곳에 가는 것이다.

"예수께서 거기를 떠나사 고향으로 가시니 제자들도 따르니라"

(막 6:1).

이렇게 각자가 하나님 앞에서 하나님의 뜻과 인도하심을 확신하고 선교지에 왔지만, 또 다른 낮아짐이 기다리고 있었다. 아이들이 현지 학교에 적응하는 일이 쉽지 않았던 것이다.

주변에서 쉽게 이런 이야기를 한다.

"한국에서는 학원 다니면서 공부하기도 힘든데, 거기 가서 스페인어도 배우고 좋지 뭐."

이런 이야기를 들으면 "네, 하나님의 은혜이지요"라고 대답하지만, 사실 선교지에 대해 너무나 무지한 말이 아닐 수 없다. 한국은 교육 강국이다. 원하는 것은 무엇이든 자료를 얻을 수 있고 교육기관이 넘쳐난다. 하지만 선교지는 책 한 권 구하기가 쉽지 않고 교육 수준은 바닥이며 대안도 없는 곳이 많다. 낯선 언어를 공부해 본 사람은 알겠지만, 언어는 쉽게 배울 수 있는 것이 아니다. 반드시 희생과 대가가 따른다. 그것마저 나이가 많으면 아무리 시간과 노력을 부어도 그만큼의 결과가 나오지 않는다.

아이들이 몇 주간은 현지 학교에 가는 것을 재미있어했다. 온 학생들이 몰려와 자기들을 쳐다보는 것은 부담스럽지만, 반 아이들이 친절하고 잘 도와준다고 했다. 하지만 딱 거기까지였다. 어느 날 큰딸 주화가 말했다.

"학교에 있으면 내가 꼭 장애인이 된 것 같아. 친구들이 나를 피곤해하고 지쳐 가는 것이 눈에 보여. 하지만 내가 할 수 있는 일은 없어…"

몇 달 후 둘째 주빌리가 말했다.

"학교에 가기 싫어. 학교가 제일 싫어!"

둘째 주빌리는 한국에서 회장, 부회장을 도맡아 할 정도로 활달하고 자신감이 넘치는 아이였다. 누구보다도 학교를 좋아하던 아이가 등교를 거부할 정도로 성격이 변해 가고 있었다. 그나마 막내는 어려서 조금 나은 줄 알았지만 정도의 차이일 뿐 어려움은 동일했다.

"한국에서는 내가 인싸였고 공부도 제일 잘했는데, 여기서는 공부도 못하고 제일 뒤처지는 아이가 되었어. 한국에 있는 친구들은 다 나를 앞질러 갔겠지…?"

막내는 불안함을 감추지 못했다.

교육은 사실 배움 자체로 끝나는 것이 아니라 성격 형성, 진로, 취미, 관계 등 한 인간의 미래와 관계되어 있다. 우리 부부는 사명으로 왔다지만 아이들은 무슨 고생인가? 나중에 들은 이야기지만, 생활 걱정이 없는 주재원이나 외교관들도 자녀들이 청소년기에 있을 때는 절대로 해외에 나오지 않는다고 한다. 많은 교육비가 드는 사립 국제학교에 다니더라도 성공하는 경우가 거의 없기 때문이란다. 무식하면 용감하다고 했던가.

'선교지에 와서 아이들의 미래를 망치고 있는 것은 아닌가?' 이런 생각이 들다가도 기도하면 분명한 확신과 응답이 있다. 지금의 낮아짐이 반드시 하나님의 능력이 될 것이라고! 하지만 미래를 약속받았다고 해서 현재의 고통이 사라지는 것은 아니다. 오늘도 아이들이 학교에 가는 뒷모습을 보며 기도한다.

"하나님, 잘 지나가게 해주세요! 마음이 무너지지 않도록 지켜 주세요! 견디고 이겨 낼 힘을 주세요! 이 아이들의 미래를 주님이 책임져 주옵소서."

하나님이 함께하시지 않으면 선교사 자녀들이 선교지에 있을 이유는 없다. 하지만 하나님이 함께하신다면 선교지는 낮아짐의 복을 받는 곳이다. 결국 선교사 자녀들이 부모 선교사보다 더 큰 하나님의 그릇들이 될 것이다. 선교지는 피해 갈 수 없는 낮아짐이 날마다 찾아온다. 낮아지지 않고는 살 수가 없는 곳이다.

제18화

중남미의 예루살렘이 될지어다!

과테말라는 얼마 전에 대통령 선거를 했다. 모두의 예상을 뒤엎고 베르나르도 아레발로(Bernardo Arévalo)라는 친중, 좌파 성향의 후보가 최종 당선되었다. 사실 당선인 아레발로는 정당을 창설한 지 3년밖에 되지 않은 정치 신인에 가까운 사람이다. 경선에서는 전혀 주목받지 못하던 후보였는데 압도적인 표 차이로 당선되었다. 게다가 이 결과가 더 충격으로 다가오는 이유가 있다. 과테말라는 중남미의 전통적인 친미, 우파 성향의 나라이기 때문이다. 정권 교체가 자주 일어나는 나라가 아니다.

대통령 선거 몇 달 전, 나는 선교편지를 통해 부정부패가 만

연하고 빈부 격차가 심한 이 나라의 정치적 변화를 위해 기도를 요청했다. 과테말라는 정치, 경제, 사회, 문화, 심지어는 교회까지 대한민국의 1980년대를 닮았다. 우리가 겪었던 아픔이나 시행착오를 이 사회는 좀더 아름답고 성숙하게 거쳐 나가면 좋겠다고 기도했다.

> "하나님 이때가 속히 지나가게 해주십시오. 길지 않게 해주십시오. 결국 복음이 이 땅을 변화시킬 것을 믿습니다. 진심으로 하나님을 두려워하며, 조금이라도 국민을 위해 희생하는 지도자가 세워지길, 또 하나님의 공의와 정의가 물같이 흐르는 땅이 되기를 기도합니다. 하나님의 은혜가 이 땅, 이 백성들 가운데 임할지어다!"
>
> – 선교편지 중에서

그런데 하나님이 정말 그 시기를 앞당겨 주시듯 아무도 예상치 못한 정권 교체가 이루어진 것이다. 그래서 과테말라 시민들은 새로 집권하게 된 새로운 과테말라 정부에 대해 우려와 기대를 동시에 하고 있다.

그런데 한 가지 의문이 들었다. '새로운 시대를 맞아들일 준비가 되었는가?'라는 것이다. 선교사가 만나는 현지인들은 과테말라의 기득권층이나 상류층들이 아니다. 대부분이 서민들이다. 서민의 삶은 고달프다. 교회의 사회적 영향력은 약하고, 선교사들이 구제와 긍휼 사역으로 서민들의 삶을 돕고는 있지만 한계가 있다. 결국 근원적인 해결책은 하나님의 공의와 정의가 흐르는 나라가 되는 것이다. 가장 시급한 부분이 정치였다. 그래서 기도했던 것이다. 물론 대통령 하나 바뀐다고 모든 것이 변화하는 것은 아니지만, 기회인 것은 분명하다.

하나님이 이 일을 통해 나에게도 물으시는 것 같았다.
"기도했던 것이 생각보다 빨리 이루어졌을 때를 위해 너는 준비가 되었니?"
나의 기도 제목들을 다시 한번 점검하게 된다. 과테말라에서의 선교가 빨리 열매 맺을 수 있게 해달라는 기도, 영적인 지도자들이 빨리 세워지게 해달라는 기도, 빨리 교회를 세워 안정적으로 장기간 사역할 수 있게 해달라는 기도도 있다.
나는 모든 일이 '빨리' 이루어지길 원한다. 하지만 내가 할 기도는 '빨리'가 아니라, 이 땅에 하나님의 나라가 '하나님의 때'에 하나님의 방법으로 이루어지게 해달라고 구하는 것이다. 빨리 핀 꽃이 빨리 진다. 꽃이 빨리, 화려하게, 많이 피는 것도 좋겠지만 더 중요한 것은 필요할 때 피는 것이다.

예수님께서 제자들에게 기도에 대해 왜 이런 말씀을 하셨는지 새삼 깨닫게 된다.

"그런즉 너희는 먼저 그의 나라와 그의 의를 구하라 그리하면 이 모든 것을 너희에게 더하시리라"(마 6:33).

나는 과테말라에 대한 하나님의 계획이 있음을 믿는다. 정권 교체도 마찬가지이다. 중남미의 많은 나라가 정권 교체와 더불어 경제적 위기를 겪었다. 산업 전반에 대한 기본적인 인프라가 탄탄히 구축되기 전에 좌파 정권이 들어선 경우 제일 먼저 경제가 타격을 받았다. 그래서 과테말라에 있는 한인 사회는 은근히 우파가 정권을 유지해 주길 바라는 분위기였다. 좌파 정권은 불안하다는 것이다. '잔치는 올해로 끝났다'라는 시각도 있다.

선교에서도 지금까지는 추수의 시기였다면, 앞으로는 본격적인 영적 전쟁에 돌입한다는 분위기이다. 기도가 많이 필요한 때이다. 하지만 성숙한 사회로 가기 위해 꼭 겪어야 하는 격변기가 하나님의 때에 정확히 온 것이다. 이 시기를 잘 이겨 내고 과테말라 기독교가 내실을 다진다면 영적으로 중남미 전체를 이끄는 중남미의 예루살렘이 될 것이다.

한국교회도 격변의 시기를 지나면서 주기철 목사님, 손양원 목사님, 한경직 목사님 같은 시대를 이끄는 영적인 지도자들이 계셨기에 교회의 부흥과 더불어 사회도 같이 변혁이 일어나 성숙한 사회로 갈 수 있었다.

과테말라 교회는 과테말라 사회를 닮았다. 몇몇 교회가 대형화되면서 양적으로는 성장했지만, 교회가 사회에서 존경과 사랑을 받고 있지는 못하다. 교회의 사회적 영향력도 미비하다. 교회가 가진 가치가 사회를 이끌지 못하고 있다. 정말 예수님을 닮은, 사회에도 본이 될 수 있는 청렴한 영적인 지도자들이 나와야 한다. 과테말라를 넘어 중남미 전체를 이끌 위대한 지도자가 필요하다.

오늘도 과테말라 땅에 하나님의 나라와 그분의 의가 충만하게 임하기를 기도한다. 그래서 이 나라도 열방에 선교사를 파송하는 하나님의 영광스러운 나라가 되기를 소망한다.

"과테말라와 대한민국에 그리스도의 평강이 임하소서!"

제19화
영적 전쟁

최근 한 선교사님의 영상을 본 적이 있는데 같은 선교사로서 깊은 위로를 받았다.

"여러분, 선교지에 있다 보면 별의별 일을 다 겪게 됩니다. '당신 이 땅에서 못 살게 하겠다, 사역 못 하게 하겠다, 감옥에 보내겠다' 이런 말도 들을 수 있습니다. 제가 그랬습니다."

나는 이 이야기를 듣고 무릎을 쳤다. '아! 선교사들이 다 겪는 일이구나! 나만 겪는 일이 아니구나!' 그 순간 말씀이 떠올랐다.

"…내가 하나님을 의지하였은즉 두려워하지 아니하리니 혈육을 가진 사람이 내게 어찌하리이까"(시 56:4).

하나님께서 우리 가정을 선교지로 보내신 지 얼마 되지 않아 처음으로 갈등 상황을 경험했다. 둘째 아이가 현지 학교에서 한 교민 아이와 사소한 말다툼이 있었다. 한국에서라면 문제 될 일도 아니었지만, 그 아이의 부모가 대뜸 찾아와 당장 학교를 그만두라고 했다. 학교에 문의하니 아이들 사이에서 늘상 있는 사소한 갈등이고 누구의 잘못도 아니니 신경 쓰지 말고 학교에 보내라고 했다.

하지만 상대편은 막무가내로 나왔다. 당장 학교를 그만두지 않으면 경찰, 이민국, 대사관 등 모든 인맥을 동원해 과테말라에서 못 살게 하겠다, 사역을 못 하게 하겠다며 우리를 협박했다. 한인 공동체가 작은 해외 한인 사회는 마치 시골 읍내 같다. "ㅇㅇ아, 어머니 잘 계시지?" 한국대사관에서 민원인들이 대사관 직원에게 하는 말이다. 대사관이 이 정도이니 한인 사회 분위기가 어떤지 충분히 짐작이 될 것이다.

선교지에 온 지 얼마 되지도 않아 한인에게 그런 협박을 받으니 무척 혼란스러웠고, 텃세로 추방당하는 것 아닌가 걱정도 되었다. 결국 선교사로서 계속 싸울 수는 없어 우리 아이들이 학교를 옮겼다. 아는 사람도 없고 언어도 잘 통하지 않을 때였다. 이 일로 인해 선교지에 적응하기도 전에 우리 가족 전체가 큰 아픔을 겪었다.

그런데 이 지역뿐 아니라 전 세계적으로 선교사라면 한 번씩 듣는 말이라고 하니 문제의 본질이 새롭게 조명되었다.

'아! 그만큼 악한 영은 선교사 가정이 선교지에 있는 것을 싫어하는구나!'

이로써 사탄도 낮아짐을 통해 하나님의 사람들을 공격한다는 것을 알았다. 낮아짐의 면역이 약할수록 사탄의 공격은 더욱 심해진다.

어느 수도자가 광야에서 기도하고 있었다. 그때 사탄이 나타나 광야는 자기들의 땅이라며 당장 떠나지 않으면 죽이겠다고 협박했다. 무서운 환상을 보여 주며 밤낮 수도자를 겁주고 위협했다. 하지만 수도자는 두려운 가운데도 굴하지 않고 기도하였다. 하루이틀 지날수록 마귀의 협박과 공격이 심해졌지만 실제로는 그 수도자의 털끝 하나도 해하지 못했다. 수도자는 깨달았다. 사탄이 실제로 할 수 있는 것은 아무것도 없다는 것을!

"그들은 분명 겁주려고 나타나지만, 하나님의 사람들에게 어떤 해도 끼치지 못하고 이내 사라진다. 그들은 약하며 위협하는 것 외에 어떠한 것도 행할 능력이 없다."

– 성 안토니우스

한국에서만 사역했다면 이런 종류의 협박과 막말을 듣지는 않았을 것이다. 하지만 모국을 벗어나니 법도 예의도 없는 사탄의 도구가 되는 사람들이 있었다. 이러한 일은 사람을 주눅 들고 위축되게 만들 수 있다. 하지만 사탄이 원하는 것이 바로 그것이다. 우리는 이러한 위협이 결국 하나님의 사람들에게 아무런 해도 끼치지 못하며, 오히려 낮아짐의 능력이 된다는 사실을 기억해야 한다.

선배 선교사님들이 이러한 이야기를 분노나 흥분으로 전한 것이 아니다. 오히려 그들에게서는 평온함이 느껴졌다. 이런 일은 선교지에서 낮아짐의 에피소드이자 간증거리이기 때문이다. 나도 마찬가지이다. 내 인생에 큰 해라도 끼칠 듯 협박했던 사람들이 지금은 소식조차 알 수 없는 지나가는 자들이었다. 예수님께서 십자가를 지실 때도 이런 지나가는 자들의 말과 역할이 있었다.

"지나가는 자들은 자기 머리를 흔들며 예수를 모욕하여"(마 27:39).

인생을 살다 보면 사탄에게 쓰임 받는, 이렇게 지나가는 자들이 등장한다. 그러면 그냥 지나가도록 놔두면 된다. 하나님은 살아 계시니 하나님께 맡기면 된다.

사탄은 하나님의 능력을 흉내 낸다. 낮아짐을 통해 연단하시는 하나님처럼 사람을 낮추는 시험을 한다. 첫 번째는 겁주어 협박하는 것이고, 두 번째는 낙심시키는 것이다.

선교 2년차 때의 일이다. 언어 공부를 하며 오지에 있는 현지 교회를 돕고 있었다. 현지 교회에서 어린이 사역 요청이 들어왔다. 과테말라의 현지 교회들은 우리나라 1970~1980년대와 같다. 동네를 다니며 북을 치면 아이들 수백 명이 순식간에 모여든다. 아무리 작은 마을이라도 최소 수백 명이 모인다. 그래서 어린이들에게 나누어 줄 성경 교재도 준비하고 선물도 넉넉히 준비했다.

문제는 설교였다. 아주 기본적인 의사소통만 가능하던 때에 수백 명의 어린이 앞에서 현지어로 설교한다는 것이 여간 부담스러운 일이 아니었다. 하지만 하나님께서 언어를 뛰어넘는 은혜를 부어 주시길 기도하며 성실히 준비하였다. 현지 교회 대부분이 어린이를 위한 건물은 없다. 어린이를 위한 공간은 흙바닥에 천막을 치는 것이 전부이다. PPT, 영상 등을 사용할 수 있는 경우는 매우 드물고, 음향 시설까지 모두 우리가 준비해 가야 하는 것이 현장 상황이다. 스토리보드를 하나하나 준비하며 나의 부족한 언어에 보탬이 되게 하려고 애를 썼다.

드디어 그날, 아이들이 300~400명 모여 있었다. 갓난아기를 안고 온 부모들도 많았다. 아이들은 선생님들과 함께 신나게 찬양을 부르며 예배에 깊이 빠져들었다. 이제 설교 시간이 다가왔다. 모두 코레(Korea)에서 온 선교사님이 어떻게 설교할지 둥근 눈을 크게 뜨고 뚫어져라 쳐다보고 있었다. 나는 이미 15년 이상 목회를 하며 어린이 사역을 많이 해보았기에 설교할 때 긴장하거나 하는 일은 없었다. 하지만 그 순간 긴장이 되면서 몸이 굳고, 낙심되는 생각이 내 마음속으로 들어오는 것을 느꼈다.

'여기서 스페인어를 못하는 건 너 혼자야. 네 실력으로 아이들이 은혜 받긴 글렀어. 제대로 알아듣지도 못할 거야. 차라리 통역을 데려왔어야지. 넌 창피만 당할 거야.'

사탄의 음성이었다. 그 순간 갑자기 위축되며 모든 것이 하기가 싫어졌다. 낮아지기 싫어하는 내 내면의 약한 부분을 사탄이 건드린 것이다. 그러나 분별이 되니 이내 정신을 차릴 수 있었다.

'그래, 낮아지자! 웃음거리가 되어도 낮아짐은 반드시 하나님의 능력이 될 거야.'

그날 나는 처음으로 스페인어로 말씀을 전했다.

"헤수스! 콤비에르테 엘 아구아 엔 비노!"(예수님! 물을 포도주로 바꿔 주세요!)

아이들이 함께 외쳤다.

"우나 베스 마스!"(한 번 더!)

그날 물에서 포도주로 바뀐 것은 내 마음이었다.

> "그러므로 내가 그리스도를 위하여 약한 것들과 능욕과 궁핍과 박해와 곤고를 기뻐하노니 이는 내가 약한 그때에 강함이라"(고후 12:10).

사탄도 하나님처럼 '낮아짐'이라는 도구를 사용한다. 하지만 낮아짐을 잘 견뎌 내면, 결국 그조차도 선용하시는 하나님의 승리를 경험하게 된다.

"우리가 알거니와 하나님을 사랑하는 자 곧 그의 뜻대로 부르심을 입은 자들에게는 모든 것이 합력하여 선을 이루느니라"(롬 8:28).

제20화

선교지에서 가장 보고 싶은 얼굴

선교지에는 여러 가지 질병이 존재한다. 그중에는 병명이 분명히 알려진 것도 있고, 도저히 알 수 없어 그냥 '풍토병'이라고 부르는 것도 있다.

선교지에 온 지 얼마 지나지 않아 '아메바 바이러스'에 감염되었다. 아메바 바이러스는 주로 위생이 불량한 나라에서 단세포 기생충 아메바에 의해 발생하는 질병이다. 열과 복통, 설사로 고통을 당하면서도 처음에는 어떤 질병인지 알지 못했다. 진통소염제, 장염 약, 기생충 약을 먹어 보았지만 오랫동안 차도를 보이지 않았고, 하루가 다르게 몸에서 근육과 살이 빠져 갔다. 일주일이 조금 넘는 기간 동안 몸무게가 10킬로그램 이상 빠지니 매우 심각해 보였다. 그리고 나서야 주변의 동료 선교사님들이 아메바 바이러스 약을 구해 주어 회복될 수 있었다.

한국에서 선교를 후원하는 기관 중에 소아과병원이 있다. 병원 원장인 장로님께 아메바 바이러스에 걸렸다고 하니, 의대 다닐 때 책에서만 보던 아메바가 지금도 있냐며 놀라워하셨다.

그런데 이렇게 병명이 분명한 병은 차라리 다행이다. 선교지 적응이 끝났다고 생각할 무렵, 이번에는 병명을 알 수 없는 풍토병에 걸렸다. 고열과 두통에 시달렸는데 해열제와 진통제가 거의 듣지 않았고, 시간이 갈수록 증상이 심해졌다. 급기야 체력도 바닥나서 앉아 있을 수도, 누워 있을 수도 없을 만큼 통증이 심해 괴로워하다가 결국 병원 응급실로 직행했다.

문제는 병원에서도 정확한 병명을 알아 내지 못했다는 데 있다. 피 검사를 하고, 엑스레이를 찍고, 코로나와 인플루엔자 검사도 다 해보았으나 정확한 병명이 나오지 않았다. 코로나에 걸렸을 때도 수액과 진통제를 맞으면 차도를 보였는데, 이 병은 수액과 진통제에도 꿈쩍하지 않았다. 외지인에게는 조금의 자비도 베풀지 않는 아주 지독한 텃세를 부리는 마귀 같다는 생각이 들었다.

선교지에서 몸이 아프면 미국이나 한국으로 가서 치료하면 되지 않느냐고 쉽게 이야기하는 이들도 있다. 하지만 미국이나 한국으로 가는 것도 비행기를 탈 만큼의 몸 상태와 체력이 있어야 한다. 그것을 이때 알게 되었다. 열이 펄펄 끓고 통증으로 이가 떨리는 몸으로 어디를 갈 수 있단 말인가? 그러다 문득 이러다 죽을 수도 있겠다는 생각이 들었다. 과테말라 땅을 밟은 지 2년도 안 되었기에 선교의 열매라고 내세울 만한 것도 없었다. 지금 이 상태에서 죽는다면 선교의 실패처럼 느껴지고, 내 삶도 너무나 허망할 것 같았다. 실패한 선교사로 기억되는 것도 두렵고 비참하게 생각되었다.

그러던 중 하나님께서 누군가를 생각나게 하셨다. 한 명 한 명 기억나게 해주셨는데 바로 조선에 온 선교사님들이었다. 그 가운데 제일 먼저 루비 켄드릭 선교사님이 떠올랐다. 켄드릭 선교사는 부푼 선교의 꿈을 안고 조선에 왔지만 9개월 만에 하나님의 부르심을 받았다. 한국어 공부 중이었다.

"그녀의 삶이 실패처럼 느껴지니?"

하나님이 물었다.

"아니오…."

나는 그녀의 삶에 대해 자세히 알고 있었다. 책을 통해 읽었고, 양화진 선교사 묘역에서도 보았다. 그녀의 묘비에는 이렇게 쓰여 있다.

"I had a thousand lives to give, Korea should have them all"
(내게 천 개의 생명이 주어진다 해도, 그 모두를 조선을 위해 바칠 것이다).

켄드릭 선교사는 고향이 그리웠음에도 조선 땅에 묻히길 원했다. 한 알의 밀알(씨앗)은 그 자체로는 아무것도 될 수 없지만 죽어 땅에 묻히면 꽃도 피우고 많은 열매를 맺을 수 있기 때문이다. 그녀가 마지막으로 남긴 편지에 그 마음이 온전히 담겨 있었다.

> "저는 이곳에서 씨앗이 되기로 결심했습니다. 제가 씨앗이 되어 이 땅에 묻힐 때, 하나님의 때가 되면 조선 땅에 많은 꽃이 피고 그들도 여러 나라에서 씨앗이 될 것입니다."

인간적인 관점에서, 또 사역의 성과 측면에서 그녀의 삶은 실패처럼 보일지 모른다. 조선인들을 전도한 것도 아니고, 교회를 세운 것도 아니다. 학교에서 성경을 가르친 것도 아니다. 병원에서 아픈 사람들을 치료한 것도 아니다. 뭔가 눈에 보이는 성과는 단 하나도 이루지 못했지만, 하나님의 관점에서 그녀의 선교는 대성공이었다.

생각해 보니 나 또한 *루비 켄드릭 선교사가 밀알이 되어 맺은 수많은 열매 중 하나였다.

> "내가 진실로 진실로 너희에게 이르노니 한 알의 밀이 땅에 떨어져 죽지 아니하면 한 알 그대로 있고 죽으면 많은 열매를 맺느니라"(요 12:24).

그 후 나는 아무 이유 없이 풍토병을 이겨 내고 몸이 회복되었다.

---

* 루비 켄드릭(Ruby Rachael Kendrick) 선교사는 선교사로 헌신하기 위해 미국 캔자스여자성경학교를 졸업하고 남감리회의 파송을 받아 1907년 9월 조선에 들어와 한국어를 배우기 시작했다. 그러다 9개월 만인 1908년 6월 하나님의 부르심을 받았다. 하지만 그녀가 남긴 유언의 편지는 많은 사람을 감동케 했다. 그녀는 마지막 힘을 다해 조선에 선교사로 와달라고 자국 교회에 부탁했고, 켄드릭 선교사의 편지를 읽은 많은 청년이 조선 선교사로 자원했다.

제21화
거룩한 낭비

나는 선교지에서 오랜 시간을 있고 싶고, 더 나아가 선교지에서 은퇴하고 싶다. 하지만 내가 원하는 시간만큼이 아니라 하나님이 원하는 시간만큼만 할 수 있다는 것을 날마다 인정하지 않을 수 없다. 선교 후원 통장을 확인할 때마다 그렇다. 선교지에서 낙심되고 두려움이 몰려올 때 중 하나가 재정이 바닥났을 때이다. 근본적인 두려움은 '더는 선교를 못 하게 되는 날이 온 것은 아닐까' 하는 것이다.

모든 일이 마찬가지이겠으나, 선교도 재정 없이는 꼼짝도 할 수 없는 것이 사실이다. 언젠가 기름 넣을 돈까지 바닥이 난 적이 있었다. 과테말라는 차량 없이는 이동이 불가능한 나라이다.

걷거나 자전거를 타고 이동하는 것이 원천적으로 불가능하여 차 없이는 밖에 나갈 수조차 없다. 선교지에서 아무리 '돈 선교'를 안 한다고 해도 모든 일에 재정이 전혀 안 들 수는 없는 것이다.

때로는 그 재정의 힘이 상상을 초월한다. 선교는 혼자 하는 것이 아니다. 가족 전체가 선교지에 있으므로 선교는 더 역동적으로 일어난다. 아이들이 학교에 다니기 때문에 경제적 부담도 있지만 선교사 자녀(MK)들을 통한 하나님의 꿈은 아무리 강조해도 지나치지 않다. 그렇기에 선교비는 땅에 떨어지는 것이 하나도 없다.

생활하기 버거울 때가 많을 텐데 왜 선교지에 있느냐고 말하는 이도 있다. 선교 재정을 아끼려고 현지인을 한국으로 불러 훈련시키고 재파송하는 교회도 있다. 적은 돈으로 효과적인 선교를 하려는 것이다. 선교 전략상 그러한 선교도 필요할지 모르겠으나, 타 문화권 선교가 선교 비용이 많이 든다고 무용하다고 보는 것은 대단히 잘못된 관점이다.

이런 문제에 관한 정답은 예수님의 성육신이다. 예수님의 성육신 사건은 이 세상에서 가장 비효율적이고 낭비적이었지만 하나님께는 최상의 선교 방식이었다. 전지전능하신 하나님이 '직접' 이 땅에 오실 필요가 무엇이었는가? 가장 적당한 인간을 골라 하나님의 아들로 만들면 효율적이지 않았겠는가?

결코 그렇지 않다! 선교를 포함한 모든 구원 사역은 효율을 뛰어넘는 일이기 때문이다. 오히려 문화, 언어 등 모든 것이 다르고 안 맞는 사람들을 통해 예수님의 성육신을 직접 보여 주는 것이 선교라고 할 수 있다. 예수님이 성육신하신 것처럼, 타 문화권의 이질감이 크면 클수록 비용 대비 효율은 더 떨어진다. 하지만 인간적인 효율이 떨어질수록 예수님은 더 선명하게 보인다.

선교사가 자국에서 편하게 살 수 있는 모든 환경과 조건, 미래를 버리고 타 문화권으로 갔을 때 그는 이미 예수님의 향기를 강하게 풍기는 작은 예수가 되어 있는 것이다. 하나님 나라는 비효율적일수록 더 풍성한 열매를 맺는다. 선교사의 삶은 거룩한 낭비가 되어야 하는 것이다.

인생을 하나님께 아름답고 거룩한 낭비로 드린 선교사가 있다. 윌리엄 보든(William Borden)이란 선교사이다. 그는 미국 대기업 낙농회사 보든(Borden) 가의 상속인이었지만 학창 시절 예수님을 만나 하나님께 자신의 삶을 드리기로 결단했다. 그리고 성경책에 'No Reserves'(남김없이)라는 다짐을 기록했다.

보든 선교사는 고등학교를 마치고 세계 여행을 하던 중 중국 간쑤성 무슬림들을 위해 자신의 삶을 헌신할 것을 결단하였다. 그는 예일대에 진학해 성경 공부 모임을 인도했고, 1,000명이 넘는 학생이 그 모임에 동참했다. 프린스턴 신학대학원을 졸업한 후 자신의 상속 권리를 포기하고 서원대로 중국 선교사로 헌신하였다. 그는 선교에 앞서 이슬람 문화와 아랍어를 배우기 위해 이집트 카이로로 향했다. 하지만 이집트에 간 지 한 달 만에 뇌수막염으로 25세 나이에 하나님의 부르심을 받았다.

그는 자신이 선교하기 원하던 땅에서 단 하루도 선교사로서 살아 보지 못했다. 행정상으로 그는 중국 선교사가 아니다. 하지만 역사상 가장 영향력 있는 선교사 중 한 명으로 기억된다. 그의 성경에서 발견된 'No reserves'로 시작하는 세 문장 때문이다.

"No reserves(남김없이), No retreats(후퇴 없이), No regrets(후회 없이)."

"하나님! 하나도 남김없이 헌신하겠습니다. 죽을병에 걸리더라도 후퇴는 없습니다. 주님! 내가 원하는 삶을 못 살더라도 후회는 없습니다."

이후 윌리엄 보든의 삶에 감명을 받은 많은 그리스도인이 선교사로 자원하였고, 그 가운데 몇몇 선교사가 중국 간쑤성으로 들어갔다. 그리고 간쑤성 란저우에 윌리엄 보든의 이름으로 병원과 교회가 세워졌다.

선교지에 얼마나 오래 있을 수 있는지는 선교사가 결정하는 것이 아니다. 하나님만이 그것을 결정하실 것이다. 우리가 할 일은 허락된 기간 동안 남김없이, 후퇴 없이, 후회 없는 삶을 사는 것이다.

> "이것들을 증언하신 이가 이르시되 내가 진실로 속히 오리라 하시거늘 아멘 주 예수여 오시옵소서"(계 22:20).

제22화

아버지, 이제야 당신을 이해합니다

선교사로 있다 보면 간혹 한인 디아스포라 교회에서 말씀을 전할 기회가 주어진다. 나에게도 그런 기회가 왔다. 어떤 말씀을 전할지 기도하는 가운데 하나님께서 부모 세대를 위로하라는 마음을 주셨다. 그리고 생각나게 한 사람이 사사기 11장에 등장하는 사사 입다였다. 입다의 삶을 묵상할수록 아버지가 생각났다. 입다가 나의 아버지뿐 아니라 격변의 시대를 지나온 한국인 부모를 대표하는 사람처럼 느껴졌다.

우리의 부모 세대는 어떤 세대였나? 그분들은 6·25전쟁을 겪으면서 가난하고 헐벗은 시대를 살았다. 전후 대한민국은 국민소득이 67달러로 전 세계 최극빈국 중 하나였다. 하지만 그 이

후 끊임없는 노력으로 경제적 성장과 민주화를 조기에 이루었고, IMF와 남북 분단에 따른 전쟁 위기 같은 국가적 위기를 잘 극복하여 이제는 세계 10대 경제 대국이라는 칭호까지 얻었다. 우리의 부모 세대는 이 모든 격변의 시대를 이끌어 간 자수성가의 대명사이자, 성공의 DNA를 가진 세대이다. 정말 귀한 세대이며 사랑과 존경을 받기에 부족함이 없는 세대이다.

하지만 각자의 개인적인 삶도 성공적이었을까? 후회는 없을까? 지금 성공의 기쁨을 누리고 있을까? 생각해 보면 측은한 마음이 든다. 기쁨과 슬픔, 아픔과 회복이 뒤섞여 있는 세대가 바로 우리의 부모 세대이기 때문이다.

그래서 입다를 보면서 아버지를 보는 것 같은 아픔이 느껴졌던 것이다. '하나님께서 이 말씀으로 자수성가로 살아온 이민 1세대들을 위로하기 원하시는구나!' 하는 확신이 들었다.

입다의 인생 전반기는 기생의 아들이라는 태생적 한계에 부딪혀 집안에서 쫓겨나고 사회적으로 매장되어 스스로는 일어설 수 없는 완전히 인생의 밑바닥까지 낮아진 인물이었다.

"길르앗 사람 입다는 큰 용사였으니…"(삿 11:1).

하지만 하나님의 평가는 달랐다. 골목 밑바닥에서부터 다시 시작하여 결국 이스라엘의 최고 지도자 사사가 되었다. 자수성가해서 성공을 맛보았다. 여기까지 보면 그는 역전의 드라마, 성공 신화를 쓴 그 시대 최고의 영웅 같다. 하지만 그 인생이 여기서 끝이 아니다. 인생은 계속된다. 한 번의 성공이 그의 인생 전체를 대변해 주지는 않는다.

안타깝게도 그는 출신 성분 때문에 낮아진 자존감을 성공 이후에도 극복하지 못했다. 그의 이러한 성향은 삶 곳곳에 영향을 미치는데, 결정적인 실수는 딸을 번제로 희생시킨 일이다. 지금으로 치면 자신의 성공에 집중하다가 자녀 양육에는 크게 실패하는 것과 같다.

입다에게 무엇이 부족했을까? 입다는 모든 것이 자기중심적이었다. 어쩌면 자수성가해서 성공을 이루다 보니, 자기 방식이 맞다고 믿었을지도 모른다. 그래서 하나님의 일도 자기 경험을 바탕으로 자기중심적으로 했다. 입다는 자신의 뜻이 아닌 하나님 뜻이 무엇인지 기도하고 따르는 삶의 모습이 부족했다. 힘을 더 키우기 전에 하나님께 묻고 허락받는 훈련을 했어야 했다.

입다는 자신의 명예와 지도자로서의 권위를 지키고자 결국 무남독녀를 죽음으로 몰아넣고 말았다. 하지만 이 사건은 그만의 문제가 아니라 그 집안 전체의 문제이자, 나아가서는 신앙의 문제이며 민족적인 문제였다. 딸을 이런 식으로 잃은 어머니의 삶이 온전했을까? 이 일로 결국 그의 가정 또한 처참하게 무너졌다. 그 이후에도 그의 인생은 평탄치 않았다. 이스라엘 백성 간에 내전이 일어나 그는 동족을 죽이는 선봉에 서야 했다.

우리나라도 동족상잔의 비극을 겪었다. 그 현장에 있었던 이들은 평생 그 트라우마를 겪어야 했다. 입다도 트라우마의 연속이었다. 성공만큼 실수가 잦았던 인생이었다. 주변의 많은 사람이 그 때문에 상처받고 아파해야 했다. 그 자신은 격변의 시대에 최선을 다했지만, 하나님에 대한 이해가 가장 부족했던 사사로 역사에 남게 되었다.

나라는 구했지만 자기 딸은 구하지 못한 아버지, 회사에서는 인정받지만 가족들에게서는 외면당하는 가장, 자기 믿음은 지켰지만 자녀들은 예수를 믿지 않아 가슴 아파하는 부모…. 입다의 모습이 오늘 우리의 모습 또는 아버지의 모습이다. 사회적·경제적 성공은 이루었으나 너무나 많은 것을 잃은 슬픈 가장의 모습이 바로 입다의 모습이다.

나는 입다의 삶을 통해 우리의 삶도 돌아보기 원한다. 만약 입다가 자신의 명예와 자존심을 버리고, 이스라엘의 사사라는 직책을 버리고 딸을 살렸다면 역사에 어떻게 남았을까? 그랬더라도 하나님은 그를 여전히 사랑하시고 우리에게도 훌륭한 사사로 남았을 것이다. 우리의 부모님이 조금 더 부드러웠다면, 덜 바쁘고 가족과 함께 더 많은 시간을 보내는 친구 같은 분이었다면 하고 아쉬울 때가 있다. 그런데 지금 우리 자녀 세대들도 똑같은 생각을 할 것이다.

아직 우리 삶은 끝나지 않았다. 인생은 계속된다. 아직 시간이 남아 있다는 것은 우리에게 소망이 된다.

어떤 인생이든 실패와 성공이 공존한다. 아무리 하나님의 사람이라고 해도 아쉬움과 후회가 남을 수밖에 없다. 인간은 완벽하지 않기 때문이다. 하지만 그 가운데 하나님과 동행하며 하나님께 더욱더 영광을 돌리는 삶으로, 또 주변 사람들과는 사랑과 감사를 나누는 삶으로 변해 가야 한다.

하나님께서는 입다의 삶을 어떻게 평가하실까? 히브리서 11장에 기록되어 있다. 이 구절을 읽으며 실수와 아쉬움이 많은 내 인생이 많은 위로를 받는다. 입다가 실수를 하고 아픔도 있었지만 하나님의 손에 붙들려 살았기에, 하나님은 완벽하지 않았던 그 삶도 기뻐하셨다는 걸 알 수 있다.

> "내가 무슨 말을 더 하리요 기드온, 바락, 삼손, 입다, 다윗 및 사무엘과 선지자들의 일을 말하려면 내게 시간이 부족하리로다 그들은 믿음으로 나라들을 이기기도 하며 의를 행하기도 하며 약속을 받기도 하며 사자들의 입을 막기도 하며 불의 세력을 멸하기도 하며 칼날을 피하기도 하며 연약한 가운데서 강하게 되기도 하며 전쟁에 용감하게 되어 이방 사람들의 진을 물리치기도 하며"(히 11:32-34).

하나님 앞에 최선을 다한다고 하였지만, 연약하고 부족했던 과거의 실수들로 고통받는 모든 분이 이 말씀으로 큰 위로를 받기를 소망한다. 그리고 나중에 예수님 앞에 섰을 때 '내 삶이 완벽하지는 못했지만, 그래도 감사했고 은혜였다'라고 고백하는 삶이 되기를 바란다.

"모든 눈물을 그 눈에서 닦아 주시니 다시는 사망이 없고 애통하는 것이나 곡하는 것이나 아픈 것이 다시 있지 아니하리니 처음 것들이 다 지나갔음이러라"(계 21:4).

제23화
하나님이 크게 쓰시려고 그래

　주변을 살피다 보면 하나님이 낮추시는 '낮아짐'의 과정 가운데 있는 사람들이 보일 때가 있다. 나 또한 낮아짐의 고통 가운데 있을 때 그것을 눈치채고 주변 목사님들이 위로의 말을 해주었다. 그런데 그중에 가장 듣기 싫은 말이 "최 목사, 하나님이 크게 쓰시려고 그래"라는 말이었다. 주변 많은 분에게 이 말을 들었지만 정말 위로가 안 되었다. 어떤 의미인지는 알고 있었지만 당장 고통을 이기는 데는 아무 도움도 안 되기 때문이다. 차라리 아무 말 없이 밥 한 끼 사주는 분이 더 위로가 되었다.

　낮아짐의 고통 가운데 있는 자에게 낮아짐의 미래적 의미를 아무리 설명해 봐야 그 상황을 이겨 내는 데는 도움이 되지 않는다. 그래서 욥의 친구들이 욥에게 도움이 안 되었던 것이다. 그럼 어떤 말이 필요할까? 하나님은 성경에서 그 말을 찾게 해 주셨다.

신약 시대에도 모세, 야곱, 욥과 같이 낮아짐의 과정에 처했던 사람들이 있었을까? 그렇다! 바로 빌립보 교회 성도들이다. 그들은 바울이 감옥에 갇히고 교회가 핍박을 당하는 현실에 절망했다. 지금도 교회의 지도자가 감옥에 갇히는 것은 쉽게 받아들이기 어렵다. 그 시대에 바울이 세상 감옥에 갇힌 것은 세상 모두의 비난을 받는 것이었고, 결국 그의 사역은 실패한 것처럼 보였다.

"내가 처음 변명할 때에 나와 함께한 자가 하나도 없고 다 나를 버렸으나 그들에게 허물을 돌리지 않기를 원하노라"(딤후 4:16).

그의 감옥 생활이 길어지자 곁을 지키던 사람들도 모두 떠났다. 빌립보 성도들도 적지 않게 실망하고 혼란스러워했다. "다 잘 될 거야, 하나님이 크게 쓰시려고 그래"라는 말은 당면한 낮아짐에 전혀 위로가 되지 못했다. 사람의 어떠한 말로도 위로가 될 수 없었다. 그때 성령님께서 바울을 통해 주신 위로의 말씀이 있다. 바로 빌립보서 말씀이다.

> "너희 안에 이 마음을 품으라 곧 그리스도 예수의 마음이니 그는 근본 하나님의 본체시나 하나님과 동등 됨을 취할 것으로 여기지 아니하시고 오히려 자기를 비워 종의 형체를 가지사 사람들과 같이 되셨고 사람의 모양으로 나타나사 자기를 낮추시고 죽기까지 복종하셨으니 곧 십자가에 죽으심이라"(빌 2:5-8).

예수님은 하늘 보좌를 버리고 이 땅만큼 낮아지셨다. 이 땅에서조차 낮아지고 낮아져서 가장 낮아지신 것이 바로 십자가에서의 죽으심이다. 우리는 현 상황에서 한 단계만 낮아져도 죽겠다고 몸부림치건만 예수님은 낮아지다 못해 십자가에서 그 몸을 찢고 죽어 주신 것이다. 그 낮아짐은 온 세상을 구하는 권능이 되었다. 낮아짐이 능력임을 몸소 보여 주셨다.

"이러므로 하나님이 그를 지극히 높여 모든 이름 위에 뛰어난 이름을 주사 하늘에 있는 자들과 땅에 있는 자들과 땅 아래에 있는 자들로 모든 무릎을 예수의 이름에 꿇게 하시고 모든 입으로 예수 그리스도를 주라 시인하여 하나님 아버지께 영광을 돌리게 하셨느니라"(빌 2:9-11).

지금 바울은 이렇게 말하고 있는 것이다. "네 삶에 낮아짐의 낙폭이 너무 커서 힘드니? 미래적 소망만으로 지금의 고통을 이겨 나가기가 어렵니? 이 마음을 품어라! 예수 그리스도의 낮아짐의 마음을! 예수님의 낮아짐은 왕자에서 나그네가 되는 정도의 낮아짐이 아니야. 본체가 하나님이신 분이 사람같이 되셨고, 죄인처럼 십자가에서 죽으셨어. 그분의 낮아짐은 하늘에서 땅으로 내려온 낮아짐이야. 아니, 그 이상이지. 그래서 하나님은 그분의 낙폭만큼 온 세상에 예수님의 이름을 구원으로 주신 거야. 그 낮아짐에 소망이 있어. 그러니 너의 낮아짐에도 소망이 있어! 지금 이 마음, 예수의 십자가의 낮아짐이 너를 만지신단다."

인간의 가장 큰 능력은 낮아짐에 있다. 인생의 가장 낮은 자리에선 십자가 외에 붙들 것이 없다. 낮아짐의 능력은 십자가를 바라보게 하고, 예수님의 오심을 정말로 기다리게 한다. 지금 여기에서!

이 낮아짐의 터널을 지나면 이런 능력의 고백이 나온다.

"내게 능력 주시는 자 안에서 내가 모든 것을 할 수 있느니라"(빌 4:13).

오늘도 우리 안에 품어야 할 마음은 오직 예수 그리스도의 마음이다.

제24화
반복되는 역사, 나는 어떻게 살 것인가?

본디오 빌라도는 로마 제국이 파견한 이스라엘 총독이었다. 현재 군 계급으로 치면, 백부장이 위관급이고 천부장이 영관급 장교라면, 총독은 최소 장군 이상의 위치와 권력을 가진 로마의 최고위층 간부이자 정치인이었다. 총독의 역할은 제일 먼저 로마 속국의 정치적 안정을 도모하는 일이었다. 두 번째는 속국의 공공 안정을 위한 공정한 재판관 및 행정관의 역할이고, 세 번째는 로마의 적대국이 속국을 공격하는 것을 막아 내는 국경 방어의 역할이었다. 이 일을 위해 속국의 총독에게 주어진 권력은 황제에 버금가는 절대적인 것이었다.

그럼에도 로마의 중앙정부에서 해외로 발령되었다는 것은 로마 권력의 중심부에서 밀려났다는 것을 뜻했다. 게다가 이스라엘은 험지 중의 험지였다. 로마에서 거리상으로도 멀었고 정치적으로 안정이 될 수 없는 땅이었기 때문이다. 지금도 그렇지만 팔레스타인 지역은 지정학적, 민족적, 종교적으로 시위와 폭동, 전쟁이 자주 일어나며 정치적 이슈가 끊이지 않았다. 하지만 위기가 기회라고, 이스라엘의 총독 자리는 야전 사령부와 같이 인생 역전을 노릴 수도 있는 곳이었다. 골치 아픈 문제를 잘 처리한다면 중앙으로부터 인정을 받을 수도 있었기 때문이다.

빌라도는 로마로부터 수천 킬로미터 떨어진 이스라엘로 오면서 무슨 생각을 했을까?

'내가 있어야 할 곳은 여기가 아니야. 여기서 성공해서 기필코 로마로 돌아가리라! 내가 이 민족을 완전히 장악하였다는 평가를 들어야겠어. 그래서 나를 밀어낸 놈들에게 본때를 보여 주어야지!'

빌라도가 이런 생각을 하며 예루살렘에 왔다면 그는 이미 실패한 것이었다. 그의 눈에 이스라엘이 로마에 비해 미개하고 어리석어 보인다고 할지라도 그곳은 하나님이 택하신 땅이었다. 이제 빌라도는 하나님의 시나리오 안으로 들어서는 것과 같았다. 사실 좌천되어 험지로 밀려나는 것이 아니라 가장 복된 삶의 자리로의 입성이 될 수도 있는 대목이다.

물론 그 복이 로마에서 누리던 부귀영화는 아닐 것이다. 세상 어떤 나라의 총독이 성경에 기록되었는가? 로마에서 절대 권력을 누리던 왕도 하나님의 주목을 받지 못했다. 모두가 역사에서 바람처럼 사라져 버릴 권력의 중독자들일 뿐이었다. 하지만 역사적으로 가장 중요한 시기에 이스라엘 총독으로 파견된 빌라도는 다르다. 그는 하나님의 역사 한가운데 서 있었다. 그는 자신의 모든 삶의 경험과 지혜를 총동원해 역사적 선택을 해야 했다. 그리고 그것은 영원한 죽음을 맞이할 것인지, 또는 영원한 생명을 얻게 될 것인지 하는 구원의 문제와도 맞닿아 있었다. 그가 생각한 삶의 가치가 결국 그의 결정이 되는 것이다.

그는 어떤 사람이었고 인생을 어떻게 살았는가? 그에 대한 평가는 성경 이외에서도 찾아볼 수 있다. 유대 철학자 필로는 본디오 빌라도를 "거칠고 악의가 있으며 잔인한 인물"이라고 묘사했다. 로마 역사학자 요세푸스도 "빌라도는 이스라엘에 부임하자마자 곧 유대인들을 적대시하였다"라고 기록했다.

그는 저항하는 유대인들을 무자비하게 진압하고 학살했다. 유대인들이 신성시하는 성전에 로마 황제상을 세워 갈등을 부추겼다. 유대인들의 헌금을 정치적으로 이용하기도 하였다. 신에 대해 진실하지도, 사명에 대해 성실하지도, 사람에 대해 자비하지도 않았다. 결국 돈과 권력에 눈이 먼 악인에 불과했다.

과연 그가 자신을 이스라엘로 보낸 하나님의 뜻을 알았다면 그렇게 살았을까? 로마에서 이스라엘로 가는 머나먼 여정에서 그가 이 모든 진리를 알았더라면 어땠을까? 어디에서든 자신에게 맡겨진 소임에 충실하고 진실했다면 어땠을까? 가난하고 무지하더라도 사람을 존중하고 사랑할 줄 알았다면 어땠을까? 험지가 아니라 성지로 가는 것임을 알았으면 어땠을까? 만약 그랬다면 그는 삶의 태도가 달라졌을 것이다. 결국 옳은 길을 걷고 옳은 판단을 내리고 믿음대로 살았을 것이다.

그는 예수님에게 죄가 없다는 사실을 분명히 알았다.

"…나[빌라도]는 그[예수님]에게서 죄를 찾지 못하였노라"(요 19:6).

하지만 그는 정의를 수호하고 공정한 사회를 만들어야 하는 자신의 사명을 저버렸다. 그 이유가 분명하게 성경에 기록되어 있다.

> "빌라도가 무리에게 만족을 주고자 하여 바라바는 놓아 주고 예수는 채찍질하고 십자가에 못 박히게 넘겨주니라"(막 15:15).

그는 옳은 길을 걷기보다 자신의 자리와 명예를 유지하는 것을 더 중요하게 생각했다. 하나님은 여러 가지 방법으로 그에게 신호를 주셨다.

> "이는 그[빌라도]가 그들[대제사장들과 장로들]의 시기로 예수를 넘겨준 줄 앎이더라 총독이 재판석에 앉았을 때에 그의 아내가 사람을 보내어 이르되 저 옳은 사람에게 아무 상관도 하지 마옵소서 오늘 꿈에 내가 그 사람으로 인하여 애를 많이 태웠나이다 하더라"(마 27:18-19).

하지만 이러한 주변 사람들의 노력이 그의 삶의 가치를 뒤바

꾸지는 못하였다. 결국 사람은 결정적인 순간에 자기 것이 나오기 마련이다. 좋은 교훈, 좋은 교육이 옳은 선택을 하도록 돕지는 못한다. 인간은 악한 행실을 회개하고 선한 인간이 되어야 하나님의 뜻대로 살 수 있는 것이다.

"이에 예수를 십자가에 못 박도록 그들에게 넘겨주니라"(요 19:16).

그는 이런 결정을 함으로써 민란이 발생하려는 위기를 모면했다. 굳이 눈으로 보지 않아도 삶의 매 순간 이런 식으로 결정했을 것이 자명하다. 이것은 순간의 선택이 아니라 그의 삶의 방식이었다.

그는 주후 26년부터 36년까지 10년간 총독의 지위를 유지하였지만, 결국 학살의 만행들이 밝혀져 로마에서 징계를 받고 비참한 말로를 걸은 것으로 전해진다.

우리는 모든 결론을 다 알고 있다. 만약 내가 빌라도라면 어떻게 살았을까? 지금은 어떻게 살고 있나? 그리고 앞으로 어떻게 살 것인가?

오늘 우리는 빌라도처럼 이스라엘 험지와 같은 '세상'에 보내졌다. 그리고 매 순간 선택하며 살아간다. 이제 나는 어떻게 살 것인가?

"너희가 전에는 어둠이더니 이제는 주 안에서 빛이라 빛의 자녀들처럼 행하라"(엡 5:8).

제25화

진심이 열심을 이긴다

요셉은 꿈을 꾸었다. 현실에서는 일어날 수 없는 꿈이었다. 하지만 그의 꿈은 그의 비전이 되었다. 하나님은 우리에게 꿈을 주신다. 꿈은 실현 가능성이 있어도 꿈이고, 없어도 꿈이다.

하나님이 나에게 주신 꿈이 있다. 그것은 요한계시록의 말씀이다.

"이 일 후에 내가 보니 각 나라와 족속과 백성과 방언에서 아무도 능히 셀 수 없는 큰 무리가 나와 흰옷을 입고 손에 종려 가지를 들고 보좌 앞과 어린 양 앞에 서서 큰 소리로 외쳐 이르되 구원하심이 보좌에 앉으신 우리 하나님과 어린 양에게 있도다 하니"(계 7:9-10).

신학교에 진학하기 전, 기도하는 가운데 이 말씀을 환상 중에 시각적으로 보여 주셨다. 여러 민족의 수많은 사람이 앞을 향하고 있는데, 그들은 모두 얼굴에서 빛이 날 정도로 환하게 웃고 있었다. 그 사람들의 얼굴 모양과 표정이 20년이 지난 지금도 생생할 정도로 너무나 강렬한 메시지였다.

'하나님은 다민족이 함께 모여 하나님을 찬양하고 예배하는 것을 기뻐하시는구나!'

이 하나님의 꿈이 나의 꿈이 되었으면 좋겠다고 기도하였다. 그 후로 나의 비전을 '다민족'으로 확신하고 꿈꾸기 시작하였다.

하지만 현실은 꿈과 달랐다. 교회에서 사역하면 할수록 다민족은커녕 한 민족끼리도 싸우고 하나 되지 못했다. 한 민족 안에서도 가난한 사람과 부유한 사람, 화이트칼라와 블루칼라, 사는 지역, 교육 수준 등 사회적 경계를 쉽게 뛰어넘지 못했다. 이런 현상은 '말씀! 말씀!' 하는 교회든, '은사! 은사!' 하는 교회든, '정치! 정치!' 하는 교회든 마찬가지였다. 교회 사역을 하면 할수록 문화와 언어가 다른 다민족이 교회를 이룰 수 있을까 의구심이

들었다.

'한국은 세계에서 보기 드문 단일 민족 국가이니, 아마 다민족 국가들은 다를 거야.'

하나님께서 나의 바람을 들으셔서 세계 최대의 다민족 국가 미국에서 신학과 목회를 할 수 있도록 길을 열어 주셨다. 미국에서 많은 다민족 교회를 연구하고 돌아보았다. 하지만 정말 언어와 문화의 장벽을 뛰어넘은 다민족 교회를 발견하기 어려웠고, 그런 비전을 가진 목회자들도 극소수였다. 하지만 소수더라도 그런 비전을 가진 교회와 사람들이 어디에나 있다는 것은 고무적이었다.

나는 아주사 퍼시픽 대학교(Azusa Pacific Univ.)에서 다민족에 대한 논문을 쓰며 신학석사(M.div.) 과정을 수료하면서 꿈을 잃지 않았다. 그리고 아시아에서 진정한 다민족 교회를 실현하기 위해 아시아 다민족 국가 선교사로 가기로 작정했다. 하지만 그 꿈은 실현되지 못했다. SEED 선교회에서 파송받기 전에 온 가족 합숙 훈련까지 마쳤지만, 아내의 갑상샘암으로 모든 계획이 취소되고 선교 파송도 무기한 연기되었기 때문이다. 그 후로 국내 목회로 방향을 전환하며 다민족 선교와 목회에 대한 비전은 점점 멀어져 갔다.

현실적으로 다민족을 섬기는 것은 목회에서 가장 비효율적인 일이다. 요즘 교회에서 교육부서가 사라지고 있다. 교회의 규모와 재정을 고려할 때 교육부서에 힘쓸 여력이 없기 때문이다. 그나마 교인들의 자녀가 있고 전도에 도움이 되기에 명맥을 유지하고 있기는 하다.

그러나 다문화 사역은 어떠한가? 다문화 사역은 특수 목회로 분류되며, 몇몇 대형 교회에서 외국어 사역의 일부로 운영되거나 특수한 비전을 가진 사역자나 단체만이 관심을 두는 정도이다. 일반 장년 목회보다 몇 배나 더 큰 열정과 시간, 노력, 재정이 들어가는 데 비해 보상은 거의 없기 때문이다. 비효율의 극치가 바로 다민족 사역이다. 사역의 전문성이 더해지고 실상을 보면 볼수록 하나님의 꿈에서는 멀어지는 기현상을 경험했다.

선교지에 와서 이곳에서 30년 이상 사신 선교사님과 다민족 사역에 대해 이야기를 나눈 적이 있다. 이분도 다민족에 대한 연구와 사례를 관심 있게 지켜본 분이다. 그의 말에 따르면, 다민족에 비전을 가진 목회자와 선교사를 몇몇 보아 왔지만, 성공한 사람은 아무도 없다는 것이다. 다민족 목회로 학위를 받고 디아스포라 한인교회에 접목하려다 쫓겨난 목사, 다민족 선교를 지향하다 실패하여 떠난 선교사…. 여러 경우에 대한 이야기를 들려주셨다. 결론적으로 다민족 사역은 현실적으로 불가능하다고 했다.

그런데 이런 이야기를 들으면서 꿈을 버려야 한다는 생각보다, 하나님의 꿈은 이래서 아름답다는 생각이 들었다. 하나님께서 묻는 것 같았다.

'선교사는 누군가? 사역자들은 무엇을 하는 사람이어야 하는가?'

하나님은 순간적으로 요셉의 꿈이 생각나게 하셨다.

> "요셉이 꿈을 꾸고 자기 형들에게 말하매 그들이 그를 더욱 미워하였더라 요셉이 그들에게 이르되 청하건대 내가 꾼 꿈을 들으시오 우리가 밭에서 곡식 단을 묶더니 내 단은 일어서고 당신들의 단은 내 단을 둘러서서 절하더이다"(창 37:5-7)

요셉의 꿈은 현실적으로 불가능한 일이었다. 아니, 꿈꾸어서는 안 되는 일이었다. 하나님이 주셨다고 하더라도 입 밖으로 꺼내면 안 되는 꿈이었다. 하지만 요셉은 자신의 꿈과 바람이 아니라 하나님의 꿈을 이야기했다. 요셉을 떠올리며 나 역시 사역의 본질이 무엇인지를 깨달았다.

'우리는 하나님의 꿈을 이야기하는 사람들이다!'

본질적으로 사역자는 이 세상에서 이루어질 가능성 있는 전략을 이야기하는 사람이 아니라, 비현실적인 불가능한 일이라도 하나님의 꿈을 이야기하는 사람들이다.

사도 바울도 그래서 고난을 받았다. 사도 바울의 선교 전략을 살펴보면 철저히 '유대인 디아스포라를 통한 현지 복음화'였다. 타 문화와 언어, 사회에 익숙한 유대인 디아스포라들에게 먼저 복음을 전하고, 그들과 함께 다민족 교회를 세워 나가는 것이었다. 이런 교회가 가능한가? 사실 바울이 개척한 교회들은 문화적 차이로 인해 골치 아픈 문제가 많았다. 하지만 그런 문제들에 대한 해답으로 바울 서신이 쓰였고 그것이 성경이 되었으니 '문제'가 '길'이 되었다.

"하나님의 나라를 전파하며 주 예수 그리스도에 관한 모든 것을 담대하게 거침없이 가르치더라"(행 28:31).

연합이 불가능해 보이는 것을 가능하게 하는 것이 하나님의 꿈이다. 성공 사례가 적고 현실적으로 어렵다고 꿈이 변하지는 않는다. 나는 오늘도 하나님의 꿈을 이야기하며 내가 할 수 있는 한 걸음을 걷는다.

결국 진심이 열심을 이긴다!

"보라 형제가 연합하여 동거함이 어찌 그리 선하고 아름다운고"
(시 133:1).

제26화

나의 낮아짐이 교회가 되어

어느 날 기도하는데 하나님께서 교회를 함께 세울 동역자를 위해 기도하라는 마음을 주셨다. 사실 선교지 교회 개척은 아주 먼 일이라고 생각하고 있었다. 선교의 연차가 충분히 쌓이고 재정도 확보가 된 후에나 기도하고 진행할 일이라고 생각했다. 하지만 이번에도 하나님의 시간과 나의 시간은 달랐다. 몇 주간 기도하며 영적인 안테나를 세우고 있었다. 하지만 함께 교회를 세울 만한 믿음의 사람은 찾아볼 수가 없었다.

그러던 중 우리는 살고 있던 곳보다 좀더 외곽으로 이사했다. 선교지에 사춘기 아이 셋을 데려오다 보니 사역보다도 아이들이 선교지에 적응하게 하는 것이 더 어려웠다. 한국에서 학교 임원을 하고 모범생이던 아이들이 여기서는 학교를 두 번이나 옮겼다. 그러다 세 번째 학교를 옮겨야 했는데, 학교가 너무 멀어 어렵게 구한 집에서 6개월 만에 나와 급히 이사하게 된 것이다. 이삿짐을 나르는 일꾼을 불러 함께 이사를 시작했다.

과테말라의 이사 풍경은 우리나라 1970~1980년대의 모습과 닮았다. 이사 도중에 물건이 훼손되거나 분실되는 경우가 많아 은근히 신경이 곤두서 있었다. 그런데 예상외로 일이 순조롭게 진행되었다. 이삿짐을 나르러 온 사람이 이삿짐이 손상되지 않도록 하나하나 비닐로 포장하고 소중하게 다루었다. 당연히 분실된 물건도 없었다.

물건을 트럭에 싣고 새로운 집으로 온 후에도 주의를 기울여 세심하게 집과 이삿짐을 정리해 주었다. 이사가 모두 끝나고 일하러 온 사람에게 감사의 인사를 전했다.

"늦은 시간까지 수고해 주셔서 감사합니다."

"아니오, 오히려 제가 감사하죠."

대화가 길어지면서 나는 예수님을 전해야겠다는 생각이 들었다. 나는 과테말라에 파송된 선교사임을 밝히고 예수님을 믿는지 물었다. 그러자 그가 대답했다.

"사실 저도 목사입니다. 몇 년 전 교회가 무너지고 지금은 남은 성도 몇 명과 함께 예배를 드리고 있습니다. 생계를 위해 이삿짐 나르는 일을 하고 있어요."

나는 놀라지 않을 수 없었다. 이삿짐을 나르던 그의 모습과 내가 한국에서 목회를 내려놓고 일하던 모습이 겹쳐졌다. 순간 내 머릿속에서 옛일들이 주마등처럼 지나갔다. 교회를 내려놓고 심각한 우울증과 공황장애를 겪으며 죽음을 생각했던 날들, 생계를 위해 에어컨 청소와 배관 공사 보조 일을 하며 낮아짐을 경험했던 날들, 하늘을 보며 왜 이런 일을 겪어야 하냐며 원망했던 모습들이 떠올랐다. 그리고 그의 눈에서 정확히 '영원 속에 기억된 나의 낮아짐'의 모습을 보았다.

그리고 그제야 왜 하나님께서 기도하게 하셨는지 알게 되었다. 기도하지 않았다면 그를 알아보지 못했을 것이다. 하지만 기도를 통해 주변 사람들을 살피고 작은 인연도 허투루 생각하지 않도록 하나님이 준비시키신 것이다. 기도해야만 열리는 관계, 열리는 일들이 있다.

'하나님! 기도로 만남을 준비하게 하신 분이 이분인가요?'

나는 별말 없이 다음에 식사 한번 하자고 권하며 대화를 마쳤다. 한 달 후 그의 가족을 집으로 초대했다. 우리 부부는 무엇을 대접할까 고민하다가 김치볶음밥과 파스타를 준비했다. 일부러 치즈를 많이 올려 김치볶음밥을 만들었지만 맵다며 먹지 못하는 걸 보고 우리와 많이 다름을 느꼈다. 이야기가 무르익자 간증과 사역 이야기로 자연스럽게 흘러갔다. 그날 서로 많은 이야기를 나누었다. 첫 교제였지만 울기도 하고 웃기도 많이 했다.

그의 이름은 보리스였다. 보리스는 나의 낮아짐에 대한 하나님의 응답이었다. 보리스를 알아갈수록 나와 비슷한 점이 많았다. 신앙적인 코드도 목회관도 비슷했다. 나이도 비슷했다.

보리스는 우리를 예배에 초대했다. 몇 주 후 알려 준 주소로 찾아갔다. 골목길을 지나 작고 허름한 교회가 보였다. 주차를 하고 성경을 들고 갔는데 보리스가 거기에 없었다. 전화해서 확인해 보니 예배드리는 곳은 거기가 아니었다. 잠시 후 보리스가 와서 말했다.

"이 교회는 환경이 참 좋은 교회입니다. 저희가 예배드리는 곳은 이렇게 좋지 않아요."

일단 보리스가 예배드리는 곳에는 주차장이 없었다. 얼마 전 오지 마을에 갔다가 차가 골목에 끼여 양옆이 긁히고 찌그러졌다. 온 동네 사람이 나와 차를 빼는 것을 도와주어 몇 시간 만에 간신히 빠져나올 수 있었다. 차에 상처가 난 만큼 내 마음에도 상처가 났는데 그 트라우마가 다시금 살아났다.

전혀 안전해 보이지 않는 골목길에 차를 구겨 넣고 한참을 걸어 예배드리는 장소에 도착했다. 과테말라는 치안이 불안한 나라이다. 길을 걸을 때는 항상 긴장하고 있어야 한다. 가족들이 다 있으면 더 표적이 되기에 초행길은 가급적 걸어가지 않는다. 그러나 그날은 어쩔 수 없는 일이라 한참을 걸어 창고 같은 곳에 도착했다. 평일에는 빵 공장으로 쓰이고 주말에만 빌려 모임 공간으로 쓰고 있다고 했다.

우리 가족은 한국 편의점에서 볼 수 있는 플라스틱 의자에 쪼르르 앉았다. 과테말라 성도들이 하나둘씩 모여들어 우리는 예배를 함께 드렸다. 공장 한쪽에 작은 방이 있어 올라가 보았다. 열예닐곱 살 정도 되어 보이는 여자아이가 유아 몇 명을 앉혀 놓고 색칠 공부를 시키고 있었다.

한국에서 교회를 개척했던 때가 생각났다. 예배드릴 공간이 없어 공립학교 교실 두 칸을 빌려 예배드린 일, 지인의 사무실 창고를 청소해 교회당으로 사용한 일, 그러다 거기에서도 쫓겨나 카페와 집을 전전했던 일들이 떠올랐다. 특히 주차장이 없어 예배 시간에 자기 집 앞에 왜 주차했냐며 고래고래 소리 지르며 동네 아저씨가 쳐들어왔던 일도 떠올랐다. 마땅한 장소도, 장소를 마련할 돈도 없어 결국 흩어져야 했던 일까지….

그때 참 아팠다. 지금 생각해 보면 그렇게 큰 도움이 필요한 것도 아니었다. 그저 공간을 얻을 수 있을 만큼의 작은 도움의 손길만이라도 있었다면 어땠을까? 너무 아쉬운 마음이 들었다. 지구 반대편에서도 나와 같은 아픔을 겪는 목회자가 있으리라고는 생각하지 못했다. 그래서인지 보리스 목사를 보며 정말 돕고 싶다는 생각이 들었다. 하지만 나는 도와줄 힘이 없었다.

그리고 무엇이든 서두르지 않기로 했다. 내 조바심이 성령님보다 앞서거나 너무 뒤처져 후회하는 일이 없도록 하기 위해서였다. 오랜 목회 생활이 가져다준 교훈이었다. 그리하여 보리스와 나는 먼저 마음을 열고 깊은 대화를 함으로 친구가 되어 하나님의 은혜를 천천히 하나씩 나눌 수 있었다.

알고 보니 그도 기도하며 하나님의 위로와 두 번째 부르심을 기다리고 있었다. 그에게 나는 하나님의 응답이었고, 나에게 그는 기도의 서원이었던 것이다.

보리스 목사와 교제가 깊어질수록 그가 준비된 하나님의 사람이란 것을 알게 되었다. 과테말라의 목회자 대부분은 제대로 된 신학 공부를 하지 않았고, 바른 목회관을 가진 목사도 드물다. 하지만 보리스는 제대로 신학 공부를 마쳤고, 10년 이상 목회하며 목회자로서의 자세가 갖추어진 사람이었다. 또 그는 이중 언어(스페인어, 영어)가 가능한 수재였다. 마치 사도 바울처럼 숨겨진 보배였다.

앞으로 보리스 목사가 과테말라를 영적으로 이끌 지도자가 될 것이 내 눈에 보였다. 다만 지금은 자신의 일생을 바친 교회를 내려놓고 좌절하여 주저앉아 있는 것이었다. 그 상태가 어떤지 나는 너무나 잘 알고 있었.

그는 지금 이 시련의 시간을 함께 걸으며 하나님의 비전으로 다시 자신을 일으켜 줄 사람이 필요했다. 그래서 하나님은 나를 그에게 보내셨다. 사도행전 11장을 묵상하며 "하나님! 저는 바울을 세워 준 바나바와 같은 목사가 되고 싶습니다!"라고 기도하던 나의 모습이 떠올랐다. 하나님은 그 기도를 잊지 않으셨다. 하나님이 원하시는 때에 정말로 바울 같은 사람이 내 눈앞에 나타나게 하신 것이다.

> "바나바가 사울을 찾으러 다소에 가서 만나매 안디옥에 데리고 와서 둘이 교회에 일 년간 모여 있어 큰 무리를 가르쳤고 제자들이 안디옥에서 비로소 그리스도인이라 일컬음을 받게 되었더라"
> (행 11:25-26).

안디옥 교회의 진정한 부흥은 바나바가 바울을 세워 줄 때부터 일어났다. 영적으로 보면 보리스 목사는 낮아져, 바울이 고향 다소에서 무기력하게 하루하루를 보내고 있는 것과 같았다. 나는 보리스에게 나의 모든 경험을 나누었고, 하나님이 우리 삶에 어떠한 일들을 하고 계시는지 이야기했다.

"보리스, 그동안 힘들었지? 하나님은 반드시 너를 바울과 같이, 나를 바나바와 같이 쓰실 거야! Dios esta vivo(God is alive)!"

보리스 목사와 나는 이제 둘도 없는 친구이자 동역자, 서로의 멘토가 되었다. 지금은 다시 교회를 개척하기 위해 기도하며 동역자들과 후원자들을 모으고 있다. 수년 안에 과테말라에는 새로운 교회가 세워질 것이다. 그리고 세상과는 구별된 '그리스도인'이라 불리는 거룩한 백성들이 그 교회를 통해 일어날 줄로 믿는다.

> "여호와여 내가 주께 대한 소문을 듣고 놀랐나이다 여호와여 주는 주의 일을 이 수년 내에 부흥하게 하옵소서 이 수년 내에 나타내시옵소서…"(합 3:2).

낮아짐을 경험할 때 우리가 하나님의 뜻을 다 알 수는 없다. 온 열방의 하나님, 우주를 다스리시는 하나님이 지구 반대편에서 행하시는 일들을 다 아는 것은 애초에 불가능하다. 하지만 분명한 것은 하나님의 우주적 계획 안에 반드시 우리가 들어 있다는 사실이다. 결국 나의 낮아짐은 지구 반대편에 사는 바울을 회복시키고 교회가 되어 하나도 땅에 떨어지지 않는 열매가 되는 것이었다.

> "일어나라 함께 가자…"(마 26:46).

제27화
드림

　예수님을 사랑하는 한 선배 목사님에게서 연락이 왔다. 코로나 팬데믹을 겪으면서 한국은 1만 5천 교회가 사라졌다고 한다. 해외에서는 얼마나 많은 교회가 문을 닫았는지 알 수 없다. 가장 슬퍼하실 분은 예수님이다. 그리고 이러한 어려운 시국에 선배 목사님은 '어떻게 하면 하나님의 마음을 조금이라도 시원하게 해 드릴 수 있을까?' 하고 기도했다.

　그러던 가운데 선배 목사님은 한국에 하나, 선교지에 하나, 총 두 교회를 다시 세울 것을 결단했다. 그렇다면 그 목사님은 현재 상황에 여유가 있어서 그렇게 했을까? 그렇지 않다. 이야기를 들어 보니 교회에 빚도 있고 성도도 줄어 오히려 선교나 사역을 줄

여야 하는 형편이었다. 하지만 선배 목사님은 현재 상황에 함몰되는 것이 아니라 하나님의 마음과 사명에 집중하였다.

신앙이 깊어질수록 분명해지는 사실이 한 가지 있다. 그것은 신기하게도 '드림'이라는 한 단어로 표현이 된다. 하나님은 자신이 사랑하는 자에게 그분의 '드림'(dream)을 보여 주신다. 하나님의 '드림'(dream)을 받은 사람은 그것이 곧 자신의 '드림'(dream)이 된다. 그리고 그의 인생을 하나님께 '드림'(offering)을 통해 하나님은 자신의 '드림'(dream)을 이루신다.

하나님께서 많은 분에게 선교지에 교회를 개척하고자 하는 마음을 주셨다. 내가 선교사로서 성도님들을 만나 보면 열 명 중 한 명은 선교지의 교회 개척을 이야기한다.

"선교사님, 하나님께 선교지에 교회 개척을 하겠다고 서원했습니다. 제 평생 꼭 한 번은 선교지에 교회를 세우고 싶습니다. 그런데 얼마가 필요한가요?"

선교지에 교회를 개척하려는 마음은 분명 하나님에게서 온 것이 맞다. 하지만 실제로 작게라도 교회를 세워 하나님의 마음을 시원하게 해드리는 이는 극소수이다. 대부분 차일피일 미루다 흐

지부지되고 만다. 그것은 목회자든 평신도든 마찬가지이다. 그런데 선배 목사님은 그러한 서원을 '지금' 이루려는 것이었다.

"최 선교사, 과테말라에 교회를 세우려고 하는데 도와주겠나?"

선배 목사님은 나에게 얼마가 필요한지, 언제 가능한지, 어떤 방식으로 할 것인지 묻지 않았다. 이미 결단하고 실행해 달라고 요청한 것이다.

사실 선교지에서의 교회 개척은 재정보다 결단이 중요하다. 돈이 얼마나 드는지, 규모가 얼마나 되는지, 시간은 얼마나 걸리는지는 중요하지 않다. 도시든 시골이든 교회가 필요한 곳은 넘쳐나기 때문이다.

시골의 나무 그늘 아래 교회당을 지으면 기천만 원으로도 가능하고, 도시에 누가 봐도 아름다운 교회를 지으려면 수억 원이 든다. 대한민국 1960~1970년대에 그랬던 것처럼 교회가 부흥하고 성장하려면 선교지에서는 교회 건물이 꼭 필요하다.

예수님이 다시 오실 날이 멀지 않았다. 그때가 되면 하나님께 드리고 싶어도 드릴 수 없을 것이다. 이 땅의 모든 것이 불타 사라지겠지만, 하나님을 향한 마음과 헌신은 새 하늘과 새 땅에서도 영원히 남을 것이다. 나는 무엇을 드릴 것인가?

'드림'은 '드림'으로 성취된다!

선배 목사님의 평생의 소원은 이미 시작되었고, 곧 과테말라 땅에 완성되는 것을 보게 될 것이다.

> "…그날에 하늘이 불에 타서 풀어지고 물질이 뜨거운 불에 녹아지려니와 우리는 그의 약속대로 의가 있는 곳인 새 하늘과 새 땅을 바라보도다"(벧후 3:12-13).

제28화

전쟁터에서 동료를 잃다

　전쟁 중에는 누구의 생명도 담보할 수 없다. 어제 옆에 자던 동료가 오늘 전사할 수도 있다. 선교지를 영적 전쟁터라고 말한다. 그럴 만한 것이 언제 동료가 순교할지 알 수 없기 때문이다. 과테말라에는 여러 가지 위험이 도사리고 있지만 특히 도로와 교통체계가 열악하다. 엊그제 한 시간 거리에서 사역하는 선교사님에게 교통사고가 있었다. 오토바이를 타고 사역지로 이동하던 선교사님이 십자교차로에서 차와 부딪친 것이다. 곧바로 병원에 실려가 수술을 받았지만 당일 저녁 천국에 가셨다.
　그분은 제이슨 카프만이라는 36세의 젊은 선교사였다. 결혼한 지 2년밖에 안 된 부인(Mary)과 1살짜리 딸(Camilla)이 남겨졌다.

미국에서의 평안한 삶을 버리고 과테말라로 온 지 3년여 만에 일어난 일이었다. 오늘 그분의 장례식이 있었다. 같은 선교사로서 마음이 너무 아프고 전쟁터에서 동료를 잃은 기분이 들었다.

선교지는 전쟁터이다. 세상적으로 보면 객지에서 황망하게 당한 사고이지만 하나님 나라에서는 아름다운 순교자의 이름이 하나 새겨진 것이다. 관 안에 안치된 그의 얼굴은 평안했다. 내가 할 수 있는 일이라고는 함께 슬퍼하며 선교사님의 남은 가족을 위해 기도하는 것뿐이었다.

늦은 밤하늘을 쳐다보았다. 밤하늘 빛나는 별들 중 하나가 하늘에 새겨진 그의 이름처럼 느껴졌다. 지금은 예수님 품에 안겨 완전한 안식을 누리고 있을 것이다.

전쟁터에 남겨진 우리는 다시 한번 이 싸움에 진심을 다해 본다.

"빛의 열매는 모든 착함과 의로움과 진실함에 있느니라"(엡 5:9).

에필로그

어릴 때는 세상에서 빨리 높아지는 사람이 인생의 고수처럼 느껴졌다. 어린 나이에 꿈을 성취하고 청년의 때에 성공하는 사람들, 젊은 나이에 놀라운 업적을 쌓은 사람들, 아무도 쉬 오르지 못한 고지에 가장 빨리 올라간 사람들…. 이런 사람들을 동경하고 잘 사는 인생, 인생의 고수라 생각했다. 하지만 이제는 편안하게 잘 낮아지는 사람이 인생의 고수임을 깨닫게 된다.

영적인 고수만이 아름답게 잘 낮아질 수 있다. 예수님은 최고의 고수이셨다. 예수님의 사역은 하루하루의 순종으로 시작하여 3년간 밑 빠진 독에 물 붓기로 끝났다. 삶 자체가 낮아짐이었다. 하나님께서 자신의 낮아짐을 쓰실 것이라는 믿음으로 시간과 공간을 내어드린 삶이었다. 예수님은 '말씀' 외에 어떤 것도 남기지 않으셨지만, 그분의 삶과 사역은 하나도 땅에 떨어지지 않았다. 죽기까지 낮아지셨을 뿐 아니라 낮아진 모습 자체가 평안이었다.

"…그가 도살자에게로 가는 양과 같이 끌려갔고 털 깎는 자 앞에 있는 어린 양이 조용함과 같이 그의 입을 열지 아니하였도다"(행 8:32; 참조. 사 53:7).

인간은 모두가 하나님께서 허락하신 자리와 위치가 있다. 하지만 그 자리에 익숙해지면 감사하기보다 당연한 권리라고 생각한다. 그것은 곧 하나님 앞에 교만임에도 그것을 알지 못하고 남들과 비교하며 더 높아지기를 갈망한다. 그래서 신앙이란 높아지려는 자아와 낮추시는 하나님의 은혜의 싸움이라고 할 수 있다. 하나님은 사람을 높여서 사용하시는 것이 아니라 낮춰서 사용하시기 때문이다.

그리스도인으로서 우리의 삶은 '잘 낮아지기 위한 훈련장'과 같다. 난 선교사로서 하나님이 허락하신 땅, 하나님이 허락하신 자리에 서 있다. 선교를 비롯한 모든 하나님의 사역의 성패는 평안하게 낮아지는 것에 달려 있다. 예수님은 낮은 자리에서 우리를 부르고 계신다. 그 자리로 내려가 주님을 만나면 우리 안에 '진리이신 예수'

가 그 안에서 살아난다.

> "여호와는 가난하게도 하시고 부하게도 하시며 낮추기도 하시고 높이기도 하시는도다"(삼상 2:7).

한 번 낮아짐을 경험했다고 해서 끝이 아니다. 우리는 언제 또 감당할 수 없는 낮아짐을 맞이하게 될지 모른다. 그 마지막 낮아짐은 아마 죽음일 것이다. 죽음이 언제 올지, 그 이전에 우리 삶에 어떤 낮아짐을 허락하실지 우리는 알 수 없다. 그리고 그 무게를 감당할 수 있을지도 장담할 수 없다.

하지만 이제는 조금 더 평안하게 낮아짐을 맞이할 수 있을 것이다. 성경의 많은 인물도 그러했다. 쇠약해졌고 두려워했지만 하나님의 은혜로 자신에게 주어진 십자가를 졌다. 우리 또한 선진들의 앞길을 따라가는 것이다. 내 가족, 나와 함께했던 하나님의 사람들, 선교지의 영혼들, 함께 교회로 모였던 사람들, 앞으로 교회가 될 사람들 모두가 그 길을 함께 걷는다.

한 시대를 함께 아파하고 또 기뻐하며 걷는 것이 얼마나 큰 축복인가! 함께 낮아짐을 공유하며 하나님의 뜻을 찾아가는 것이 얼마나 감사한 일인가! 낮아짐이 밀알이 되어 예수님을 따라가는 삶이 된다면 이 또한 얼마나 영광인가!

이 땅에서 마지막 호흡을 하나님께 드리기까지 이것을 노래하며 살고 싶다.

죽음의 낮아짐을 통과하면, 우리 주님이 기다리고 계시리라. 우리를 안아 주시며 "내가 너와 함께하며 다 보고 듣고 느꼈다. 잘하였다" 하며 칭찬하여 주시리라!

 관심 갖기

1. 과테말라에 복음의 문이 닫히기 전에 한 번 더 큰 부흥을 주옵소서.
2. 거룩한 그리스도인들이 일어나 과테말라 사회를 변화시키게 하옵소서.
3. 과테말라에 다민족을 품고 중남미를 복음화할 영향력 있는 교회가 세워지게 하옵소서.
4. 과테말라 여성과 아이들의 사회적 권리와 교육이 신장되고 성경적 세계관이 자리 잡게 하소서.
5. 가톨릭과 우상숭배 등의 견고한 진이 무너지게 하시며, 복음의 일꾼들을 보내 주소서.
6. 최민기, 양정현 선교사와 그 자녀 주화, 주빌리, 요벨이 선교지에서의 사역을 잘 감당하게 하소서.

 친구 되기

홈페이지: https://www.notion.so/thefish153
E-mail: thefish@daum.net
연락처: 502) 3007-0869(과테말라 최민기 선교사)
Youtube 채널: youtube.com/@qtplus
카카오톡 ID: thefish

 동역하기

1. 과테말라 교회 개척 및 선교 동역 계좌
   농협(NH Bank) 302-4691-6787-01 최민기
2. 미술 전문 선교 계좌
   우리은행 1002 25444 2353 양정현
3. 과테말라 현지 은행 계좌
   BI(Banco Industrial in Guatemala) 0740170352 MIN KI CHOI

진심이 열심을 이긴다

1판 1쇄 인쇄 _ 2024년 9월 15일
1판 1쇄 발행 _ 2024년 9월 20일

지은이 _ 최민기
펴낸이 _ 이형규
펴낸곳 _ 쿰란출판사

주소 _ 서울특별시 종로구 이화장길 6
편집부 _ 745-1007, 745-1301~2, 743-1300
영업부 _ 747-1004, FAX 745-8490
본사평생전화번호 _ 0502-756-1004
홈페이지 _ http://www.qumran.co.kr
E-mail _ qrbooks@daum.net / qrbooks@gmail.com
한글인터넷주소 _ 쿰란, 쿰란출판사
페이스북 _ www.facebook.com/qumranpeople
인스타그램 _ www.instagram.com/qrbooks
등록 _ 제1-670호(1988.2.27)
책임교열 _ 강찬휘 · 이화정

ⓒ 최민기 2024 ISBN 979-11-6143-971-6 03230

책값은 뒤표지에 있습니다.
이 출판물은 저작권법에 의해 보호를 받는 저작물이므로 무단 복제할 수 없습니다.
파본(破本)은 구입처에서 교환해 드립니다.